WISSEN *leicht gemacht*

HOCHKULTUREN DER ANTIKE

Christa Pöppelmann

Trautwein Lexikon-Edition

2005 Trautwein Lexikon-Edition

Text: Christa Pöppelmann
Chefredaktion: Evelyn Boos
Redaktion: Simone Steger, Maren Richter
Produktion: Wolfram Friedrich
Abbildungen: Lidman Productions, Stockholm;
Gruppo Editoriale Fabbri, Mailand
Titelabbildungen:Lidman Productions, Stockholm (2);
Gruppo Editoriale Fabbri, Mailand (2)
Gestaltung: Axel Ganguin
Umschlaggestaltung: Hartmut Baier

ISBN 3-8174-5779-0
5457791

Mehr Infos im Internet unter www.compactverlag.de

Inhalt

Mesopotamien

Die ersten Hochkulturen der Menschheitsgeschichte entstehen um 3400 v. Chr. in der Tiefebene um Euphrat und Tigris, die die Griechen Mesopotamien, „Land zwischen den Flüssen“, nennen. Heute gehört dieses Gebiet größtenteils zum Irak. Jedes Jahr zur Schneeschmelze fließen große Wassermengen aus dem Taurusgebirge die Flüsse hinab. Das zerstörerische Hochwasser im Frühjahr und die Trockenheit im übrigen Teil des Jahres machen anspruchsvolle Wasserbaumaßnahmen notwendig. Darüber entwickeln sich Gemeinschaften, die technisch, organisatorisch und künstlerisch alles bisher Dagewesene in den Schatten stellen.

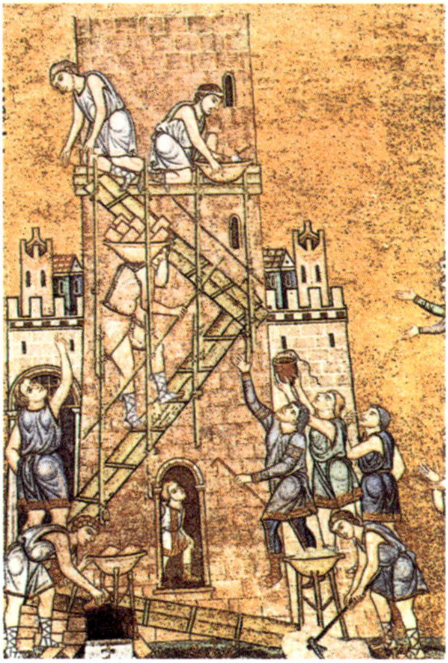

Grundzüge der mesopotamischen Geschichte

An den Berghängen des Taurus im Norden Mesopotamiens beginnen die Menschen im 9. Jt. v. Chr. mit dem gezielten Ackerbau. Die gute Ernährungslage führt zu einem raschen Bevölkerungswachstum. Im 8. Jt. v. Chr. weichen deshalb immer mehr Siedler in die Ebenen des Zweistromlandes aus, das im Osten durch das Zagrosgebirge und im Westen durch die Syrische Wüste begrenzt wird.

In diesem regenarmen Landstreifen müssen die Felder künstlich bewässert werden. Je größer die Bevölkerung wird, desto wichti-

Zeichnung einer mesopotamischen Pyramide

Mesopotamien: Stier

ger wird auch eine gemeinschaftlich betriebene Wasserwirtschaft.

! Technik und Kultur

um 8000 v. Chr.: Beginn der Töpferei
um 4000 v. Chr.: Erfindung des Rades und des Holzpfluges
um 3600 v. Chr.: Erfindung des geschlossenen Tonbrennofens
um 3500 v. Chr.: Erfindung der Töpferscheibe, Beginn des Straßenbaus
um 3400 v. Chr.: Entwicklung der ersten Schrift (Keilschrift)
um 3300 v. Chr.: Beginn der Mathematik
um 3100 v. Chr.: Erste Bronzeerzeugnisse
um 2900 v. Chr.: Herstellung von Metallwaffen
um 2850 v. Chr.: Weiterentwicklung der Keilschrift
um 2000 v. Chr.: Aufzeichnung des *Gilgamesch-Epos*, Entwicklung der Speichenräder

Ende des 5. Jt. v. Chr. bilden sich am unteren Euphrat Städte, ab 3400 v. Chr. ist eine einheitliche Kultur nachweisbar – mit effizienter Verwaltung, Schrift und großen Bauwerken, die nur eine gut organisierte Gemeinschaft errichten kann.
Diese Epoche wird als die der **sumerischen Stadtstaaten** bezeichnet. Die einzelnen Staaten – die ältesten sind **Ur**, **Uruk** und **Eridu** – haben zwar eine gemeinsame Kultur, sind politisch aber unabhängig voneinander.
Erst der Emporkömmling **Sargon I.** (reg. um 2335–2279 v. Chr.) vereinigt die sumerischen Stadtstaaten zum **Reich von Akkad**, das während seiner Blütezeit vom Persischen Golf bis zur Mittelmeerküste reicht.
Es wird um 2160 v. Chr. durch die **Gutäer** zerstört, die sich rund um Babylon festsetzen, während südlich davon die sumerischen Stadtstaaten eine zweite Blütezeit erleben.
1728 v. Chr. gründet **König Hammurabi** (reg. bis 1686 v. Chr.) in Babylon das **Altbabylonische Reich**, das bald eine Vormachtstellung im südlichen Mesopotamien hat.
Das Ende kommt aus der Ferne. Um 1530 v. Chr. zerstören die in Anatolien ansässigen **Hethiter** Babylon in einem Handstreich und kehren mit reicher Beute wieder heim. Nutznießer in Mesopo-

tamien sind die **Kassiten**, ein Volk aus dem Zagrosgebirge, das die Macht übernehmen und bis 1154 v. Chr. halten kann.

Mit dem Vorstoß der Hethiter beginnt eine neue Ära der Geschichte. Plötzlich hat es Mesopotamien nicht mehr allein mit den Nomaden und kleinen Fürstentümern in der Nachbarschaft zu tun, sondern mit Großreichen, die Tausende von Kilometern weit weg sind: den Hethitern, den **Ägyptern** und dem **Mitanni-Reich** im heutigen Syrien.

Mesopotamien: Stierkopf, Teil eines Grabmals

Um 1200 v. Chr. jedoch tauchen im östlichen Mittelmeerraum die so genannten „**Seevölker**" auf, die das Hethiter-Reich zerstören und Ägypten schwächen. Das entstehende Machtvakuum kann ein kleiner Stadtstaat im nördlichen Mesopotamien für sich nutzen: **Assur**.

Die Assyrer besiegen zunächst das angeschlagene Mitanni und dehnen in den nächsten 500 Jahren ihre Macht auf ganz Mesopotamien, die syrisch-palästinensische Küste, Ostanatolien und schließlich sogar Ägypten aus.

Nach vielen vergeblichen Aufständen gelingt es dem Stadthalter in Babylon, **Nabupolassar** (reg. 625–605 v. Chr.), gemeinsam mit den iranischen **Medern** die dynastischen Streitereien in Assyrien zu nutzen und das Reich 609 v. Chr. zu vernichten.

Nabupolassar und sein Sohn **Nebukadnezar II.** (reg. 605–562 v. Chr.) gründen in Mesopotamien das **Neubabylonische Reich**, doch ein tiefes Zerwürfnis zwischen König und Volk führt dazu, dass Babylon genauso wie der

! Kleine Chronologie

Sumerische Stadtstaaten:
um 3400–2300 v. Chr.
Reich von Akkad:
um 2340–2160 v. Chr.
Reich der Gutäer:
um 2200–2116 v. Chr.
Zweite Zeit der Stadtstaaten:
um 2160–1728 v. Chr.
Altbabylonisches Reich:
um 1728–1530 v. Chr.
Kassiten-Reich:
um 1530–1194 v. Chr.
Assyrisches Reich:
um 1112–609 v. Chr.
Neubabylonisches Reich:
609–539 v. Chr.
Persische Herrschaft:
539–333 v. Chr.

übrige Nahe Osten 539 v. Chr. fast kampflos an den **Perserkönig Kyros d. Gr.** (reg. 559–529 v. Chr.) fällt. Kyros Schwiegersohn **Dareios d. Gr.** (reg. 522–486 v. Chr.) macht Persien zu einem Weltreich, das den gesamten Orient beherrscht, bis es von **Alexander d. Gr.** (reg. 336–323 v. Chr.) erobert wird.

Sumerisch, semitisch, indogermanisch …

Mesopotamien stellt in seiner frühen Geschichte einen kulturellen Schmelztiegel dar. Die blühenden Hochkulturen üben einen ungeheuren Sog auf die benachbarten Stämme aus. Im 3. Jt. v. Chr. lassen sich so viele Nomaden in Mesopotamien nieder, dass sie schließlich die Bevölkerungsmehrheit bilden und im Reich von Akkad nicht mehr Sumerisch gesprochen wird, sondern eine semitische Sprache. Der Eroberer Sargon ist jedoch kein Eindringling von außen, der dem Land eine fremde Kultur aufzwingt, sondern ein Mesopotamier semitischer Abkunft.

Doch auch bei späteren Eroberungen von außen, z. B. durch Gutäer oder Kassiten, setzt sich weitgehend die höher entwickelte mesopotamische Kultur durch, und die Eroberer passen sich an. Die kulturelle Kluft herrscht nicht etwa zwischen Angehörigen verschiedener Sprachgruppen wie Sumerer, Semiten oder Indogermanen, sondern zwischen sesshafter Bevölkerung und Nomaden.

Die Nomaden in den Gebirgen und Steppen am Rande Mesopotamiens sind zwar als Händler und Viehzüchter wichtig für die städtische Bevölkerung, bilden aber durch ihre Raubzüge einen ständigen Gefahrenherd. Von den mesopotamischen Literaten des 3. Jt. v. Chr. werden sie als „die, die keine Herrschaft kennen“ bezeichnet. Die meisten Herrscher versuchen, die Stämme auf ihrem Gebiet anzusiedeln, um die ständige Gefahr der Überfälle einzudämmen, aber auch weil sie ein großes Interesse daran haben, ihr Reich durch einen Zuwachs an Arbeitskräften und Soldaten langfristig zu stärken.

! Völkerkunde zwischen Euphrat und Tigris

Sumerer: Mischvolk, das sich um 3400 v. Chr. aus den verschiedenen Einwanderergruppen bildet.
Akkader: Sammelbezeichnung für die semitischen Einwanderer, die bis 2300 v. Chr. nach Mesopotamien kommen.

! Völkerkunde zwischen Euphrat und Tigris

Elamiter: Volk unbekannter Herkunft, das östlich von Mesopotamien rund um Susa ein kleines Reich hat, ständig wechselnde Kriegs- und Bündnispolitik mit Babylon, teilweise Übernahme der babylonischen Kultur.

Gutäer: indogermanisches Volk aus dem nördlichen Zagrosgebirge, das von etwa 2200–2100 v. Chr. rund um Babylon ansässig ist.

Kassiten: Volk unbekannter Herkunft aus dem Zagrosgebirge, das etwa ab dem 18. Jh. v. Chr. nach Mesopotamien einwandert, sich schnell assimiliert und die akkadische Sprache annimmt.

Churriter: anatolisches oder kaukasisches Volk mit indogermanischer Oberschicht, das sich um 2000 v. Chr. am Oberlauf des Euphrat ansiedelt und den Staat Mitanni (um 1700–1270 v. Chr.) gründet.

Amoriter: semitische Einwanderer von der Arabischen Halbinsel, die nach dem Ende von Akkad in den Nahen Osten kommen, sich bis zur Mitte des 2. Jt. v. Chr. vollständig in die mesopotamische Bevölkerung integrieren und die akkadische Sprache annehmen.

Aramäer: semitische Einwanderer, die im 1. Jt. v. Chr. in den Nahen Osten kommen und mehrere kleine, verstreute Fürstentümer in Syrien und Palästina gründen.

Chaldäer: mit den Aramäern verwandtes Volk, das sich am Persischen Golf ansiedelt.

Meder und Perser: indogermanische Hirtenvölker aus dem iranischen Hochland, die sich im 7. Jh. v. Chr. im Zagrosgebirge niederlassen.

Wasser- und Landwirtschaft

Um in Mesopotamien eine intensive Landwirtschaft betreiben zu können, müssen Flüsse reguliert, Dämme gegen Hochwasser gebaut, Sümpfe trockengelegt, Bewässerungskanäle gegraben und große Wasserreservoirs für Trockenzeiten angelegt werden.

Im Süden des Landes werden 30.000 Quadratkilometer Fläche mit einem Netz von Kanälen, Gräben, Schleusen, Dämmen und Hebewerken durchzogen. Da-

? Schon gewusst?

Bier trinkt man in Mesopotamien mit einem Strohhalm, um die unappetitlichen Spelzen und Hefeschäume, die in der ungefilterten Flüssigkeit schwimmen, zu umgehen. Man kennt schon mehrere Sorten wie Starkbier, Feinbier, dunkles Bier oder süßes Bier aus Emmer. Eine Wirtin, die das Bier verdünnt, wird ertränkt.

durch bekommt das Land eine legendäre Fruchtbarkeit, die drei Getreideernten im Jahr erlaubt. Das wichtigste Getreide ist die Gerste. Dünne Gerstenfladen und gekochter Gerstenbrei sind Grundlage der täglichen Ernährung. Außerdem wird das Nationalgetränk **Bier** meist aus Gerste gebraut.

Ein weiteres wichtiges Agrarprodukt ist die **Dattelpalme**. Die Früchte dieses Baumes werden zu Wein, Schnaps, Essig und Dattelsirup, einem der wichtigsten Süßungsmittel, verarbeitet. Aus den Fasern der Rinde entstehen Taue, Körbe, Netze oder Matten und aus dem Holz werden Boote, Dächer, Türen oder Möbel hergestellt. Außerdem spenden die Dattelpalmen Schatten für die anderen Pflanzungen und sind relativ unempfindlich gegen Bodenversalzung.

Das wichtigste Öl wird aus **Sesam** gewonnen. Im Gegensatz zu anderen Ölen enthält es viele Antioxidantien und wird deshalb nicht so leicht ranzig. Es wird nicht nur in der Küche, sondern auch als Grundlage für Salben und Duftöle benutzt, die im religiösen Kult, in der Medizin, aber auch bei der täglichen Hygiene eine große Rolle spielen.

Darüber hinaus kultivieren die Mesopotamier mehrere Sorten Obst, Gemüse und verschiedene Hülsenfrüchte.

? Schon gewusst?

Das fruchtbare Mesopotamien gilt schon in der Antike den Nachbarn als Paradies. Sie nennen es „den Garten in Eden“, das bedeutet: den Garten in der Wüste, denn „Eden“ ist ein sumerisches Wort für Wüste oder Steppe. Erst Luther macht daraus bei seiner Bibelübersetzung den „Garten Eden“.

Kanäle und Deiche müssen jedoch nicht nur angelegt, sondern auch regelmäßig gepflegt werden. Jeder Bauer ist für die Anlagen auf seinem Land verantwortlich. Verursachen seine verstopften Kanäle eine Überschwemmung beim Nachbarn, dann muss er den Schaden ersetzen.

Die ständige Bewässerung führt jedoch dazu, dass die Felder im Laufe der Zeit versalzen. Deshalb werden die Anbauflächen im Lauf der mesopotamischen Geschichte mehrmals gewechselt.

Wirtschaft und Handel

Dank ihrer aufwändigen **Wasserwirtschaft** können die Mesopotamier bald große **Ernteüberschüsse** in ihren zentralen Vorratsspeichern horten. Doch außer Agrarprodukten hat ihr Land wenig zu bieten: weder Bodenschätze noch Baumaterialien wie Holz und Stein in größeren Mengen. Dazu kommt mit steigendem Wohlstand der Wunsch nach Luxusartikeln wie Gold, Edelsteinen, Harzen, Duftstoffen und feinem Tuch. Deshalb spielt der Handel von Anfang an eine große Rolle. Der wichtige **Feuerstein** wird sogar schon im 9. Jt. v. Chr. aus Anatolien bezogen.

Die sumerischen Hochkulturen unterhalten außerdem Handelsbeziehungen zur Mittelmeerküste, nach Ägypten, in das iranische Hochland sowie über den Seeweg nach Arabien und Indien.

Karawanenführern und Kapitänen werden Orderpapiere und Wechselbriefe mitgegeben. Die Tempel fungieren mehr und mehr auch als Banken. Man kennt den bargeldlosen Zahlungsverkehr von Konto zu Konto, Gewinnbeteiligungen an den Unternehmungen anderer und Kreditbriefe. Ende des 3. Jt. v. Chr. werden Silber und Gold, noch ungeprägt, zum üblichen Zahlungsmittel.

Für solche Geschäfte hat jeder Mesopotamier sein persönliches **Siegel,** das in Wachs oder Ton abgerollt wird. Die ältesten, die gefunden werden, stammen etwa von 3400 v. Chr. Sie gelten wie eine Unterschrift. Aus dem Perserreich kennen wir einen Erlass des königlichen Hofmarschalls Farnaka (im Amt von 505–497 v. Chr.), der verkündet, er habe sein – allseits bekanntes – Siegel verloren, weshalb dieses ab sofort ungültig werde. Gleichzeitig wird das neue Siegel vorgestellt.

? Schon gewusst?

Bevor die Schrift erfunden wird, packen mesopotamische Kaufleute kleine Tonmarken, deren Form für Produkte steht, in Tonbälle und geben sie Lieferanten mit. Der Empfänger bricht die Kugeln auf und kann sich vergewissern, dass die Lieferung wirklich fünf Ziegen oder sechs Ölkrüge umfasst. Später werden Tontafeln in „Umschläge" aus Ton gepackt.

Religion und Kultur

In den sumerischen Stadtstaaten ist der Tempel des Stadtgottes wirtschaftliches und politisches Zentrum. An ihrer Spitze stehen Priesterfürsten, die im Namen ihres Gottes herrschen und verwalten.

Anu, der Stadtgott des mächtigen Uruk, ist zunächst der wichtigste Gott. Später wird er von seinem Sohn **Enlil**, dem Stadtgott von Nippur, in dieser Funktion abgelöst. Unter Hammurabi wird Babylons Stadtgott **Marduk** wichtigster Gott im assyrischen Reich **Assur** und Stadtgott der gleichnamigen Hauptstadt. Zur Rechtferti-

gung werden Legenden gestrickt, z. B. wie Marduk den alten Göttern gegen eine Herde von Dämonen beisteht und die Oberherrschaft über die Götter als Lohn erhält.
Im weiblichen Götterhimmel verschmilzt die sumerische Liebesgöttin **Inanna** mit der semitischen Kriegsgöttin **Ischtar**, die manchmal sogar männlich dargestellt wird. In ihrer Doppelfunktion „Liebe und Krieg" wird Ischtar so mächtig, vielschichtig und attraktiv, dass schließlich fast alle Göttinnen im Nahen Osten mit ihr gleichgesetzt werden.

? Schon gewusst?

Götter erkennt man auf mesopotamischen Kunstwerken an der Hörnerkrone. Das ist eine glatte Kappe, um die sich ein oder mehrere Reihen Hörner winden, die vorne nach oben gebogen sind.

Grundsätzlich haben die Völker des Nahen Ostens kein Problem damit, fremde Götter aus anderen Ländern zu übernehmen. Die Statue des babylonischen Marduk wird sogar mehrmals von Eroberern in dem Glauben geraubt, der mächtige Gott ziehe damit in ihre Stadt um.
Neben den Göttern gibt es noch eine Heerschar von Dämonen. Die meisten von ihnen sind hässlich und böse. Vor ihnen müssen sogar die Götter Angst haben. Zu den schlimmsten, den „Bösen Sieben", gehört **Lilith**, die im jüdischen Aberglauben zu Adams erster Frau wird.
Doch auch die Götter gelten als launisch und unberechenbar. Sie müssen deshalb mit Ritualen und Opfern gnädig gestimmt werden, z. B. mit dem täglichen Speiseopfer und der Bekleidung der Kultbilder mit kostbaren Gewändern und aufwändigem Schmuck an den Feiertagen.
Um den bedrohlichen Plänen von Göttern und Dämonen zuvorzukommen, forschen die Mesopotamier eingehend nach Zeichen, die Glück und Unglück verheißen. Ganz wichtig sind astronomische Berechnungen. Wer aus Planetenkonstellationen Warnhinweise auf kommendes Unheil herauslesen

? Schon gewusst?

Die Vorstellung, dass eine schwarze Katze von links Unglück bringt oder man nicht mit dem linken Fuß zuerst aufstehen darf, stammt schon aus dem Zweistromland. Die Mesopotamier sind ein absolut abergläubisches Volk, das in allem, besonders im Verhalten von Tieren, Vorboten auf kommendes Glück oder Unglück sieht.

kann, hat es in der Hand, dieses abzuwenden. Noch während der ganzen Antike gelten die babylonischen Chaldäer als die besten Astrologen und Naturdeuter. Auch die „drei Könige“ aus der Bibel sind selbstverständlich babylonische Astrologen.

Die Mesopotamier glauben auch an ein Weiterleben nach dem Tod, stellen sich das Jenseits aber als einen trostlosen Ort vor, wo es nichts gibt. Sie glauben, dass Tote, die von ihren Angehörigen nicht regelmäßig mit Speiseopfern versorgt werden, zurückkehren und sich von den alten übrig gebliebenen Abfällen aus der Gosse ernähren müssen.

Schrift und Sprache

In den sumerischen Stadtstaaten entsteht zum ersten Mal in der Geschichte der Menschheit eine Schrift. Die ältesten Dokumente sind prosaisch: Inventarlisten, Rechenschaftsberichte und Verträge aus der Tempelverwaltung. Die Verwaltungsbeamten machen sich auf Tontafeln Notizen, die aus kleinen Bildern und Abkürzungen bestehen. Wegen der keilförmigen Einbuchtungen, die ihr dreikantiger Griffel im Ton hinterlässt, wird die Schrift von den Historikern **Keilschrift** genannt.

Die neue Fertigkeit wird schnell sehr wichtig. Alle Tempel haben Schulen, in denen die künftigen

Tafel mit sumerischen Schriftzeichen

Beamten im Schreiben unterrichtet werden. Es wurden bei Ausgrabungen zahlreiche Keilschrifttafeln gefunden, die sich ironisch oder belehrend mit dem Schulalltag befassen.

Um schneller zu schreiben, werden die Bilder immer mehr stilisiert. Um 2850 v. Chr. reduzieren die Sumerer ihre Schrift mit einem einfachen Trick von 2000 auf etwa 600 Symbole. Sie benutzen die Zeichen für einsilbige Wörter, um diese Silben auch in anderen Wörtern darzustellen.

Die Schrift ist auch Grundlage für die Errungenschaften der Mesopo-

? Schon gewusst?

Seit dem Beginn des 2. Jt. v. Chr. werden in Akkad sumerisch-akkadische Wörterbücher angefertigt. Die Listen sind nach Sachgebieten geordnet, wobei den sumerischen Begriffen jeweils seine akkadische Entsprechung gegenüber steht. Eines dieser Werke macht den Versuch, das gesamte Bildungsgut der Zeit nach der Art eines Konversationslexikons zusammenzustellen.

tamier auf dem Gebiet der Mathematik, des Vermessungswesens, der Astronomie und Medizin.
Als das Akkadische die allgemein übliche Sprache im Zweistromland wird, braucht es mehrere Rechtschreibreformen, um semitische Sprache und sumerische Schrift bestmöglich aufeinander abzustimmen.
Die sumerische Sprache überlebt im kulturellen Bereich. Während im Wirtschafts- und Alltagsleben bald alle Volksgruppen akkadisch sprechen, verwendet man in der Religion und der Wissenschaft bis ins 4. Jh. v. Chr. Sumerisch.
Eine ähnliche Entwicklung gibt es auch zwischen Assyrisch und Babylonisch, die sich beide aus dem Akkadischen heraus entwickeln. Assyrisch wird als Handelssprache verwendet – auch im Babylonischen Reich – und Babylonisch im religiösen Kult – auch in Assyrien.
Als die Assyrer um 900 v. Chr. die aramäischen Fürstentümer besiegen und die Aramäer überall in ihrem Reich ansiedeln, wird die Sprache des unterlegenen Volkes schnell zur einheitlichen Verkehrssprache im ganzen Nahen Osten. Denn die Aramäer verwenden bereits das phönizische Konsonantenalphabet, das mit 20 Buchstaben auskommt und mit Tusche auf Papyrus oder Pergament geschrieben werden kann – anstatt mühsam in unhandliche Tontafeln gekratzt zu werden.

! Die erste Belletristik

Um 2000 v. Chr. wird mit dem *Gilgamesch-Epos* die erste Literatur der Menschheit in Tontafeln gestochen. Es berichtet die abenteuerliche Geschichte des Stadtfürsten Gilgamesch von Uruk (um 2700 v. Chr.). Dieser lehnt sich erfolgreich gegen die Oberhoheit des Königs von Kisch auf und lässt die große Stadtmauer von Uruk bauen.
Unter anderem erzählt das Epos, wie Gilgamesch seinen Ahnherrn Utnapischtim aufsucht, um von ihm das Geheimnis der Unsterblichkeit zu erhalten. Dieser berichtet ihm von einer großen Flut. Die Beschreibung ähnelt sehr stark der biblischen Erzählung über die Sintflut. Das Epos ist in Mesopotamien sehr populär und zählt auch heute noch zu den Meisterwerken der Literatur.
Obwohl die schöne Literatur nicht mehr als zehn Prozent der gefundenen sumerischen Schriftstücke ausmacht, ist sie reichhaltig. Außer Epen gibt es Preis- und Klagelieder, Sprichwortsammlungen sowie literarische und religiöse Abhandlungen in Versform.

Aramäisch wird so wichtig wie Latein in der Antike und im Mittelalter oder Englisch in unseren Tagen.

Sumer und Akkad

Ein Reich von Sumer gibt es nicht. Die Sumerer leben in unabhängigen Stadtstaaten im südlichen Mesopotamien. Neben Ur, Uruk und Eridu sind vor allem **Lagasch** und **Kisch** bedeutend. Eine Sonderstellung hat **Nippur**, das zwar nie Hauptstadt einer Dynastie ist, aber den Sumerern als Stadt der Götter gilt. Hier hat der Hauptgott Enlil seinen Tempel.

All diese Staaten sind zunächst **Theokratien**, d. h. sie werden von Priestern regiert, die sich als Verwalter des Stadtgottes sehen. Höchste Autorität in der Stadt ist der **En** (Herr), der Oberpriester des Stadtgottes. Auf Bildern ist er an einem netzartigen Hüftrock zu erkennen.

? Schon gewusst?

Priester für den Gott, Priesterinnen für die Göttin – das gilt bei den Sumerern nicht. Der Mondgott Nanna von Ur hat eine Priesterin als En, während die Inanna von Uruk, Göttin der Liebe und des Sex, einen Priester zur Verfügung gestellt bekommt.

In Kriegszeiten übernimmt statt des En der „Lugal" (Großer Mann), ein gewählter Heerführer, die Macht. Sein Amt wird umso wichtiger, je mehr mit steigendem Wohlstand die Auseinandersetzungen zwischen den Städten zunehmen. Das *Gilgamesch-Epos* erzählt von dieser Umbruchszeit.

Mitte des Jahrtausends hat sich die Macht von den Priestern hin zu den weltlichen Fürsten verschoben, die nun nicht mehr im Tempelbezirk wohnen, sondern in eigenen Palastbezirken. Außerdem laufen weiter nördlich gelegene Städte wie Kisch Ur und Uruk den Rang ab.

Sargon I. (reg. um 2335–2279 v. Chr.) ist zunächst Beamter – wohl Mundschenk – des Fürsten von Kisch. Er reißt die Macht an sich, gründet mit Akkad eine neue Hauptstadt und gewinnt die Oberherrschaft über die anderen Stadtstaaten. Dabei schweißt er die sumerischen Städte auch mit gemeinsamen Angriffen gegen die Kleinstaaten **Elam** im Osten und **Mari** im Norden zusammen. Seine Ziele sind vor allem wirtschaftliche. In seinen Dokumenten sagt er selbst, dass seine Feldzüge dem Zedernwald (Libanon) und dem Silbergebirge (Taurus) gelten. Außerdem rühmt er sich, dass die Schiffe von Meluhha, Magan und Tilmun (Indien, Oman und Bahrain) nun am Flusshafen von Akkad anlegen. Aber auch die unterworfenen Staaten profitieren. Die Handelswege sind sicher, und die sumerischen Tempelmanufakturen können sich in Ruhe der Produktion von Textilien, Keramik und Möbeln widmen.

In „erbarmungslosen Kriegen“ erobern Sargons Söhne Assur und Ninive im Norden von Mesopotamien sowie Elam und Anschan im Zagrosgebirge. Wie ihre eigenen Quellen sagen, fließen hierbei Ströme von Blut, und Städte werden dem Erdboden gleichgemacht. Sein Enkel **Naramsin** (reg. um 2255–2218 v. Chr.) beherrscht ein Gebiet, das vom Zagrosgebirge bis zum Mittelmeer reicht und bezeichnet sich selbst als „Gott von Akkad“.

In Akkad setzt sich endgültig die Palastwirtschaft gegen die Tempelherrschaft durch. Die Könige regieren das Land zentralistisch. Allein in der Hauptstadt gibt es 5000 Beamte. Die Handelsmonopole für Zinn, das zur Herstellung von Bronze notwendig ist, und Lapislazuli liegen in den Händen des Staates. In den unterworfenen Ländern setzen die Könige Gouverneure ein und lassen Garnisonen errichten.

Doch Probleme mit der Verwaltung des großen Reiches und der Druck der Gutäer führen zum Zerfall. Im Süden kommt es daraufhin zu einer zweiten Blüte der sumerischen Stadtstaaten. **Gudea von Lagasch** (reg. um 2144–2124 v. Chr.) scheint durch eine friedliche Förderung des Handels zu einem ähnlichen Reichtum zu kommen wie vorher die kriegerischen Herren von Akkad. Dabei nennt er sich nicht einmal König, sondern nur **Ensi** (Statthalter). Unter seiner Herrschaft kommt es zu einer bemerkenswerten Entfaltung von Kunst, Literatur und Wissenschaft.

Utuchengal von Uruk (reg. um 2120–2112 v. Chr.) vertreibt die Gutäer aus Mesopotamien, wird aber selber von seinem Statthalter

Sumerer: Standarte der Dynastie Ur (3. Jt. v. Chr.)

Urnammu von Ur (reg. um 2113–2095 v. Chr.) entmachtet. Die von ihm gegründete **dritte Dynastie von Ur** gebietet über einen Einflussbereich von Assur bis Susa. Trotz des absolutistischen Regiments der Könige erlebt das Land eine Periode des Friedens und Wohlstandes.

Um 2000 v. Chr. jedoch zerstören die benachbarten Elamiter Ur. Das Reich zerfällt daraufhin in Einzelstaaten wie Isin, Larsa und Mari, die sich gegenseitig bekriegen.

Stadt und Gesellschaft

Mitte des 3. Jt. v. Chr. ist Uruk eine dicht bebaute Stadt mit mehr als 50.000 Einwohnern. Das Stadtbild ist geprägt von zahlreichen Tempeln, die deutlich größer als die anderen Gebäude sind. Das politische und wirtschaftliche Zentrum ist der Tempel der Stadtgöttin Inanna, der eine Fläche von neun Hektar umfasst.

Wie jeder Tempel hat er Güter, die von Pächtern bewirtschaftet werden. Privatland gibt es erst im Reich von Akkad. In Sumer gehört alles Land dem Stadtgott. Die Tempel verfügen aber auch über Manufakturen. In Ur z. B. fertigen 98 Frauen und 63 Kinder Bekleidung an. Die Tempelsklaven setzen sich aus Kriegsgefangenen und Schuldknechten zusammen. Es gibt aber auch viele Eltern, die in wirtschaftlichen Zwangslagen ihre Kinder dem Tempel schenken, wo sie versorgt sind.

Die Priester treiben von den Bewohnern der Stadt Abgaben in Form von Naturalien ein. Damit werden die Verwaltung, gemeinsame Baumaßnahmen, der religiöse Kult und die Unterstützung von Witwen und Waisen finanziert. Der Tempel organisiert die gemeinschaftlichen Bauprojekte und ist Sitz der Rechtsprechung. Später fungiert er auch als Bank.

Im Reich von Akkad verlieren die Tempel ihre politische Funktion, bleiben aber weiter mächtige Wirtschaftszentren.

In den Hochkulturen entstehen zum ersten Mal Gesellschaften, die nicht mehr über verwandtschaftliche Beziehungen organisiert sind und in denen die einzelnen Mitglieder sehr verschiedene Aufgaben wahrnehmen. Einflussreiche Organisatoren und spezialisierte Handwerker werden plötzlich reicher und mächtiger als die anderen Mitglieder der Gemeinschaft. Es kommt zu einer Dreiteilung der Gesellschaft in die regierende Oberschicht, die Masse der Freien und in Unfreie.

Hauptgrund für Unfreiheit ist Armut. Wer zahlungsunfähig ist, muss sich oder seine Familienangehörigen so lange in die Sklaverei verkaufen, bis die Schulden getilgt sind.

Sklaven werden jedoch menschlich behandelt. Sie dürfen persön-

liches Eigentum haben, Geschäfte machen und sogar selbst Sklaven besitzen. Mit ihren Ersparnissen können sie sich freikaufen.
Ob dies auch für Kriegsgefangene galt, ist jedoch nicht sicher. Sklavinnen waren sexuelles Eigentum ihres Herrn und konnten sogar zur Prostitution gezwungen werden.
Die soziale Absicherung spielt aber sowohl in der Familie als auch in der Gesellschaft eine große Rolle. So befreien die Reformtexte des **Urakinga von Lagasch** (um 2355 v. Chr.) die Bewohner aus einer Reihe von Schuldverhältnissen und verbieten, dass Reiche die Notlage der Armen ausnützen, indem sie ihnen Grundstücke und Vieh unter Wert abkaufen. Außerdem werden Gebühren für Amtshandlungen reduziert und der Herrscher als Beschützer der Witwen und Waisen proklamiert.

Kunst und Kultur

In den Hochkulturen bekommt die Kunst eine neue Aufgabe. Sie dient nicht mehr nur religiösen Zwecken und dem persönlichen Schönheitsempfinden, sondern soll auch die Macht des Staates sichtbar zum Ausdruck bringen. Bereits im 4. Jt. v. Chr. werden in den sumerischen Städten repräsentative Tempel gebaut und Statuen der Götter und Priesterkönige erstellt.

Sumerische Kunst (ca. 22. Jh. v. Chr.)

Da Mesopotamien arm an Holz und Steinen ist, bestehen alle Bauwerke aus Lehmziegeln. In der Frühzeit werden die Lehmwände mit Tonstiften geschmückt. Diese sind etwa zehn Zentimeter lang, haben einen flachen, bunt gefärbten Kopf und laufen spitz zu. Man drückt sie dicht an dicht in den Lehm, sodass anschließend eine geschlossene Fläche mit Mustern wie Rauten oder Zickzackbändern entsteht.
Später werden die Ziegel für die Außenverkleidung von Tempeln und Palästen gebrannt und bunt glasiert.
Das typische Bauwerk für die mesopotamischen Städte ist die **Zikkurat**, ein stufenförmiger Tempelturm, auf dessen Spitze das Haus des Stadtgottes steht. Die Zikku-

rats entwickeln sich gegen Ende des 3. Jt. v. Chr. aus einfachen Terrassentempeln, die um bis zu sie-

Babylonischer Turm (Miniatur, 13. Jh.)

ben Stufen erhöht werden. Am berühmtesten ist die Zikkurat Nebukadnezars, die als **Turm von Babel** in die Geschichte einging.
Der prächtigste Palast von Mesopotamien wird in Mari am oberen Euphrat gefunden. Die Stadt spielt durch ihre verkehrsgünstige Lage zu Beginn des 2. Jt. v. Chr. eine große Rolle. Die labyrinthähnliche Anlage erinnert an den Palast von Knossos auf Kreta. Sie ist mit fahrbaren Öfen, Kühlvorrichtungen und Baderäumen ausgestattet. Die Wände sind mit Fresken verziert, die sonst in Mesopotamien selten sind.

Sehr beliebt sind in der Kunst von Anfang an die erzählenden Reliefs. So hat beispielsweise schon die Warka-Vase aus Uruk, ein über einen Meter hohes, schmales Alabastergefäß (4. Jt. v. Chr.), vier umlaufende Schmuckbänder, die einen Opferzug für die Göttin Inanna zeigen.

Auch die persönlichen Siegel, mit denen die Mesopotamier ihre Verträge unterzeichnen, sind kleine Kunstwerke. Auf den nur zwei oder drei Zentimeter hohen Walzen aus Gips, Stein oder Edelsteinen werden überaus lebendige und detaillierte Szenen aus Mythologie, Jagd, Krieg und Alltag dargestellt.

Generell kann man sagen, dass die Kunst in der Akkad-Zeit lebendiger, ausdrucksvoller, aber auch weltlicher wird.

Auch persönliche Schönheit spielt zwischen Euphrat und Tigris eine große Rolle. Die Reliefs zeigen bei Männern und Frauen kunstvoll bestickte Gewänder und viel Schmuck. Einen besonderen Kult treiben die Männer mit ihren Bärten. Man muss sich die kunstvollen Flecht- und Lockenkreationen auf den Reliefs noch mit Duftölen, Farben und sogar Goldpuder behandelt vorstellen.

! Die Pracht der toten Könige

Mesopotamiern: Goldhelm

Zu Beginn des 20. Jh. gräbt ein britisches Archäologenehepaar den Friedhof von Ur aus. Neben 1850 einfachen Gräbern finden Leonard und Katharine Wooley auch 16 überaus prächtig ausgestattete Königsgräber aus der Zeit um 2500 v. Chr. Zu den schönsten Stücken gehört der goldene Kopfschmuck der Königin Puabi. Er besteht aus mehreren Reihen zarter, goldener Blätter, Blumen, Bänder und Spiralen. Aber auch Dutzende von Dienern und Dienerinnen, die die Königin – wohl freiwillig – in den Tod begleitet haben, tragen kostbare Gewänder und viel Schmuck. Außerdem geben die Sumerer ihren Herrschern alle Gegenstände mit, die diese im Jenseits benötigen, wie kostbare Gefäße, Musikinstrumente, intarsiengeschmückte Möbel oder Spielbretter, deren Felder mit filigranen Einlegemuster aus Muscheln, Lapislazuli und rotem Kalk gestaltet sind.

Babylon

Babylon am Nordrand des sumerischen Staatengebietes ist lange Zeit eine unbedeutende Provinzstadt. Zu Beginn des 2. Jt. v. Chr. lassen sich nomadische Einwanderer, die Amoriter, dort nieder. Sie nutzen das Machtvakuum, das nach der Zerstörung von Ur in Mesopotamien besteht, und gründen ein kleines Fürstentum, das seinen Platz gegen Nachbarstaaten wie Mari oder Larsa behaupten kann.

Ihr König **Hammurabi** (reg. 1728–1686 v. Chr.) jedoch nutzt die Zerstrittenheit der mesopotamischen Kleinstaaten, um wieder ein großes Reich zu schaffen. Er taktiert mit wechselnden Bündnissen und kann nach und nach alle anderen Staaten seinem Herrschaftsbereich einverleiben.

Nach seinem Tod kommt es im Süden des Landes jedoch bald zu Rebellionen. Außerdem müssen seine Nachfolger mit dem Problem kämpfen, dass sich immer mehr Land und Reichtum in den

Händen weniger Familien anhäufen. Die Masse der Bevölkerung verstrickt sich dafür in Schulden. Im 16 Jh. v. Chr. sind die Verhältnisse so chaotisch, dass es kaum noch Aufzeichnungen gibt. 1530 v. Chr. fällt das Land dem Raubzug der Hethiter zum Opfer.

Diese Situation nutzen die **Kassiten**, ein Volk, das wohl ursprünglich aus Innerasien kommt. Vermutlich haben sich bereits im Hammurabi-Reich viele Kassiten in Babylon niedergelassen und die babylonische Kultur übernommen. Die Fürsten, die 1530 v. Chr. die Macht ergreifen, führen das Pferd, den Streitwagen und die Datierung nach Herrschaftsjahren im Zweistromland ein. Kulturell stagniert das Land während ihrer Herrschaft. Außenpolitisch jedoch stellt Babylon unter den kassitischen Königen rund 400 Jahre lang eine stabile Macht dar, die gegen Ägypten, Mitanni und die Hethiter bestehen kann. Das Problem der Massenverschuldung scheinen jedoch auch die neuen Herrscher nicht in den Griff zu bekommen. Die Archive babylonischer Bankiersfamilien jedenfalls belegen gute Geschäfte mit der allgemeinen Armut.

1225 v. Chr. gelingt es den zur Macht strebenden Assyrern, Babylon zu verwüsten, König **Kaschtiliasch IV.** gefangen zu nehmen und die Statue des Marduk zu entführen. Als Vergeltung stacheln die Babylonier einen der assyrischen Königssöhne zum Vatermord an und kommen noch einmal davon – bis zum Überfall 1154 v. Chr. durch die Elamiter. Auch diese entführen den König, rauben die Mardukstatue und darüber hinaus noch viele andere Kunstwerke wie die Gesetzesstele des Hammurabi.

? Schon gewusst?

Pferde (und Streitwagen) wurden in dieser Zeit so wichtig, dass die hethitischen Herrscher in ihren Briefwechseln mit den Königen von Babylon – neben Familie, Frauen und Offizieren – immer auch die Pferde des Kollegen grüßen ließen. Babylon hatte damals eine bedeutende Pferdezucht, wie erhalten gebliebene hippologische Lehrbücher zeigen.

Babylonische Stele

Nebukadnezar I. (reg. 1125–1103 v. Chr.) kann die elamitische Herrschaft abschütteln. Unter seinen Nachfolgern wird das Reich jedoch von aramäischen Nomaden angegriffen. Einer von ihnen wird 1067 v. Chr. sogar König von Babylon, kann aber keine stabile Herrschaft errichten. Das Reich zerfällt in viele kleine Fürstentümer und gerät nach und nach in assyrische Abhängigkeit. 729 v. Chr. lässt sich der Assyrerkönig **Tiglatpileser III.** (reg. 745–727 v. Chr.) unter dem Namen Pulu zum König von Babylon krönen.

Ende des 7. Jh. v. Chr. ist Babylon verarmt und hat seine Attraktivität für Assyrien verloren. Der Chaldäer **Nabopolasser** (reg. um 626–606 v. Chr.) kann den babylonischen Thron übernehmen und anschließend gemeinsam mit den Medern das assyrische Reich vernichten.

Von der Beute sichert er sich neben Mesopotamien auch Syrien und Palästina. Seinem Sohn **Nebukadnezar II.** (reg. 605–562 v. Chr.) gelingt es 605 v. Chr., Ägypten militärisch zu besiegen und als Einflussfaktor im Nahen Osten auszuschalten. Als die Könige von Juda versuchen, mit Ägypten ein Bündnis gegen Babylon zu schließen, vernichtet Nebukadnezar Jerusalem und verschleppt einen Großteil der Bevölkerung. Allerdings dürfen sich die Israeliten genauso wie gefangene Assyrer, Ägypter, Syrer und Iraner in ihrem neuen Siedlungsraum relativ frei bewegen und ihr Handwerk ausüben. Auch die Gefangenen tragen ein Stück weit dazu bei, dass Babylon unter Nebukadnezar eine wirtschaftliche und kulturelle Blüte erlebt.

! Assur und Babylon

Aufgrund seiner religiösen, kulturellen und wirtschaftlichen Bedeutung genießt Babylon bei den Assyrern lange Zeit einen besonderen Status. Als König **Sanherib** (reg. 705–681 v. Chr.), der als besonders maßloser Despot gilt, Babylon 689 v. Chr. dem Erdboden gleichmachen und fast alle Bewohner umbringen lässt, bringt er damit auch die Assyrer gegen sich auf. Nach seiner Ermordung muss sein Sohn **Asarhaddon** (reg. 681–669 v. Chr.) Babylon und den Marduktempel feierlich wieder aufbauen. Asarhaddon teilt das Reich unter seinen Söhnen auf. **Assurbanipal II.** (reg. 669–627 v. Chr.) wird König von Assyrien, **Schamaschschumukin** König von Babylon. Doch als der seinem Bruder den Zutritt zu den Kultstätten verweigert, lässt Assurbanipal die Stadt 658 v. Chr. erobern. Die Meuterer seien gehäutet, eingemauert, gepfählt und verstümmelt worden, rühmt er in seinen Annalen.

Seine Nachfolger können diese Macht jedoch nicht halten. 555 v. Chr. kommt **Nabonid** durch eine Palastintrige an die Macht. Er gerät bald in den zweifelhaften Ruf, das Staatsvermögen zu verschleudern und dem Gott Marduk nicht die gebührende Ehre zu erweisen. Möglicherweise versucht der König allerdings nur, die Macht der Priesterschaft zu beschneiden. Jedenfalls ist er so unbeliebt, dass er sich elf Jahre lang nicht in seiner Hauptstadt blicken lässt. Statthalter ist sein Sohn **Belsazar**, der laut dem biblischen Buch Daniel eine Drohschrift (Menetekel) über sein baldiges Ende an der Wand erblickt.

Als 539 v. Chr. der Perserkönig Kyros Babylon erobert, breiten die Bewohner der Stadt angeblich grüne Zweige auf den Straßen aus und feiern den Einzug. Belsazar wird getötet, möglicherweise von seinen eigenen Leuten.

Im Perserreich spielt Babylon zunächst eine ehrenvolle Rolle, doch nach mehreren Aufständen der Priesterschaft verwüstet Kyros' Enkel **Xerxes I.** (reg. 485–465 v. Chr.) die Tempel, zerstört die Mardukstatue und erhöht die Steuern drastisch. Die Pläne Alexanders d. Gr., Babylon wieder seine alte Rolle zu geben, scheitern an dessen frühem Tod. Bereits im 1. Jh. n. Chr. sind die Ruinen der Stadt touristisches Ziel der römischen Kaiser.

Rechtswesen und Gesellschaftsordnung

König Hammurabi versucht aus einer Ansammlung mesopotamischer Kleinstaaten ein einheitliches Reich zu formen. Er teilt das Land in Provinzen, die er von Statthaltern verwalten lässt. Kanäle und Wege werden ausgebaut, die Bewässerung verbessert und ein einheitlicher Kalender eingeführt. Babylonisch wird gemeinsame Sprache und Marduk zum Reichsgott erklärt. Darüber hinaus möchte Hammurabi auch gerne die Kleidung und die Haartracht der Landesbewohner vereinheitlichen. Die verschiedenen Volksgruppen sind vor dem Gesetz gleich. Höchstpreise, z. B. für ärztliche Hilfe, sollen die Armen vor Ausbeutung schützen.

Am berühmtesten wird der Rechtskodex des Königs. Dieser ist eine Sammlung von Gesetzen, die auf einer schwarzen, 2,25 Meter hohen Basaltsäule in 45 Kolumnen eingemeißelt sind. Jeder, der ein juristisches Anliegen habe, solle diese Stele lesen, dann wisse er Bescheid, wie es um seine Sache stehe, begründete Hammurabi die öffentliche Aufstellung des Steins.

Eine zentrale Rolle spielt das Haftungsrecht. Ein Baumeister, dessen Haus einstürzt und einen Menschen begräbt, muss sterben. Ein Arzt, dessen Patient nach einer Operation stirbt, bekommt die

Hand abgehackt. Körperverletzungen werden mit adäquater Verstümmelung geahndet („Auge um Auge, Zahn um Zahn“)

? Schon gewusst?

Lange Zeit glaubt man, dieses Vergeltungsrecht **(Talion)** wäre ein Fortschritt gegenüber noch grausameren Strafen. Doch inzwischen ist ein Rechtskodex des Urnammu von Ur aufgetaucht, der bereits um 2050 v. Chr. entstanden ist. Hier werden Körperverletzungen mit hohen Geldbußen geahndet. Auch die Todesstrafe wird bei Hammurabi öfter verhängt.
Inzwischen geht man davon aus, dass amoritische Einwanderer für diese Strafverschärfung verantwortlich sind. Gegenüber der zügellosen Blutrache der Nomaden, die ganze Sippen ausrotten kann, stellt die streng geregelte Vergeltung des Talion tatsächlich eine Einschränkung dar. Mit dieser Gesetzgebung schwächte Hammurabi den Einfluss der Clans und Großfamilien, die dem Staat gefährlich werden konnten.

Aus den Gesetzen lässt sich viel über die babylonische Gesellschaftsordnung herauslesen. Der Kodex teilt sie in drei Klassen: in Männer (Awilum), womit vermutlich die Landbesitzer gemeint sind, in Muschkenum, die wohl Freie ohne Landbesitz waren, und in Sklaven (Wardum).
Das Vergeltungsrecht gilt nur, wenn sowohl Täter wie Opfer Awilum sind. Ein Verbrechen an einem Muschkenum kann mit Geld gesühnt werden.
Frauen sind erbberechtigt, dürfen ihr Vermögen verwalten, Geschäfte tätigen und selber vor Gericht auftreten. Auch einige Berufe, z. B. in der Textil-, Schmuck- und Nahrungsmittelherstellung stehen ihnen offen. Allerdings darf sich der Ehemann scheiden lassen, wenn sie ihn darüber vernachlässigt. Vereinzelt gibt es auch Schreiberinnen, Richterinnen oder Statthalterinnen. Besonders große Rechte scheinen die Frauen in spätbabylonischer Zeit zu genießen, während im assyrischen Reich ihre Stellung erheblich schlechter ist.
Ehen kommen in der Regel durch Vertrag zustande, aber auch durch zweijähriges Zusammenleben. Mitgift und Brautpreis dienen der finanziellen Absicherung der Frau. Grundsätzlich ist die Scheidung für beide Ehepartner möglich, für Männer jedoch einfacher – zumindest solange das Paar keine Kinder hat.
Männer dürfen nur eine Ehefrau, jedoch beliebig viele Mätressen haben – die der Ehefrau zu dienen haben.

Schon gewusst?

Einen Schleier dürfen in Mesopotamien nur freie Frauen tragen. Einer Sklavin ist das streng verboten. Tut sie es doch und wird erwischt, so werden ihr zur Strafe die Ohren abgeschnitten.

Die erste Weltstadt

Herzstück des babylonischen Reiches ist die Hauptstadt. „bab-ilu", die Pforte Gottes. Hammurabi gelingt es, Babylon eine kulturelle und religiöse Bedeutung zu verschaffen, die während der ganzen assyrischen Fremdherrschaft nicht verloren geht. Unter Nebukadnezar II. aber wird sie die größte, prächtigste und verrufenste Stadt der Welt. Erst das ägyptische Alexandria und noch später Rom können ihr wirklich den Rang ablaufen.

Zu Nebukadnezars Zeiten ist Babylon rund 850 Hektar groß und beherbergt 250.000–400.000 Menschen. Viele Häuser sind bis zu vier Stockwerke hoch. Die Stadtmauern, die früher zu den Sieben Weltwundern gezählt wurden, sind so breit, dass zwei Gespanne darauf nebeneinander fahren können. Von den Toren ist das **Ischtartor** (heute im *Pergamonmuseum*, Berlin) das prächtigste. Auf blauglasierten Keramikfliesen bewachen Schlangendrachen den Eingang zur Stadt. Eine Prozessionsstraße mit Löwenreliefs auf blauem Grund führt zum Tempel des Marduk.

Die große Prozession der Götterbilder vom Tempel zu einer Kapelle vor dem Ischtartor ist der Höhepunkt des babylonischen Neujahrsfestes, das im Frühling zwölf Tage lang gefeiert wird und vor allem um den Marduk-Kult kreist.

Dem Stadtgott ist auch der „Turm von Babel" geweiht, eine siebenstöckige Zikkurat, die **Etemenanki** (Grundstein des Himmels und der Erde) heißt. Auf ihrer Spitze steht das Hochzeitshaus des Gottes, in dem jede Nacht eine ausgewählte Frau schläft.

Unter den weiteren 50 Tempeln ist vor allem der der Göttin Ischtar wichtig. Hier muss jede Babylonierin einmal in ihrem Leben mit einem Fremden schlafen und das eingenommene Geld der Göttin spenden.

Schon gewusst?

Religiöse Geschäftemacherei blüht schon in den ersten Hochkulturen. So hat der Ischtartempel eine eigene Bäckerei, die Kuchen herstellt. Diese werden an die Gläubigen verkauft, damit sie die heiligen Tauben der Göttin füttern können.

In der Nähe des Ischtartores befinden sich die **Hängenden Gärten**, ein stufenförmiger Dachgarten, den Nebukadnezar für seine Frau angelegt haben soll. Über einen Schöpfmechanismus wird Wasser nach oben gepumpt. Zeitgenossen berichten, dass diese Gärten alle anderen bei weitem in den Schatten stellen.

Babylon ist aber nicht nur religiöses und kulturelles Zentrum, sondern der wichtigste Umschlagplatz für Waren in der damaligen Welt. Der israelische Prophet Ezechiel, der unter Nebukadnezar nach Babylon deportiert worden ist, nennt sie „Händlerstadt im Krämerland".

Darüber hinaus ist die Stadt auch für die Herstellung von Luxusartikeln wie Keramik, Siegeln, Schmuck und Waffen bekannt. Vor allem die babylonischen Kunststicker, die wahre Gemälde auf die Kleider zaubern, sind berühmt.

? Schon gewusst?

Die heutige israelische Währung leitet sich von dem babylonischen Sekel ab. Ein Sekel entspricht 8,4 Gramm Silber. 60 Sekel bilden eine Mine und 60 Minen ein Talent. Die Israeliten übernehmen dieses System, allerdings wiegt ihr Schekel 11,4 Gramm. Auch die Griechen kennen Talent und Mine, teilen die Mine aber in 100 Drachmen. Ein babylonisches Talent wiegt also gut 30 Kilogramm, ein israelisches 41 und ein griechisches etwas über 26.

Die Assyrer

Die Stadt Assur ist seit etwa 2300 v. Chr. nachweisbar. Sie liegt strategisch günstig in Nordmesopotamien, an einer wichtigen Handelsroute nach Anatolien. Politisch ist sie lange Zeit bedeutungslos. Eine Herrschaft über Nordmesopotamien im 19. oder 18. Jh. v. Chr. dauert nur kurz.

Im 13. Jh. v. Chr. jedoch ist Assyriens westlicher Nachbar, das Mitanni-Reich, durch die Hethiter geschwächt und kann von König **Salmansassar I.** (reg. um 1263–1234 v. Chr.) erobert werden. Sein Nachfolger **Tukulti-ninurta I.** (reg. um 1233–1197 v. Chr.) rühmt sich, 43 weitere Kleinkönige unterworfen und 30.000 hethitische Handwerker nach Assyrien deportiert zu haben. Sogar der Überfall auf das mächtige Babylon gelingt. Doch kurz danach bringt ihn einer seiner Söhne um.

Der nächste erfolgreiche assyrische Eroberer ist **Tiglatpileser I.** (reg. 1115–1076 v. Chr.). Nachdem die so genannten „Seevölker“ das Hethiterreich zerstört haben, unterwirft er sich in mehreren Feldzügen das ganze Gebiet zwischen Persischem Golf und Mittelmeer. Es ist das größte Reich, das es bis dato im Nahen Osten gibt. Nach seinem Tod wird es jedoch von aramäischen Stämmen zerschlagen.

? Schon gewusst?

Die assyrischen Könige lieben die Jagd. Tiglatpileser I. rühmt sich, 800 Löwen vom Wagen aus und 120 im Nahkampf erlegt zu haben.

Das berüchtigte neuassyrische Reich, das fast 500 Jahre lang den Nahen Osten beherrscht, gründet **Assurnasirpal II.** (reg. 884–859 v. Chr.), der vermutlich grausamste König der frühen Geschichte. Als erster Herrscher setzt er auf die Kavallerie und erobert das Reich Tiglatpilesers zurück. Er und seine Nachfolger betreiben eine konsequente, nahezu ununterbrochene Expansionspolitik. Es gibt bis 626 v. Chr. praktisch keinen schwachen oder friedlichen König. **Tiglatpileser III.** (reg. 745–727 v. Chr.) erobert Babylon und sorgt für die Umsiedlung von über einer Million Menschen im Nahen Osten. **Asarhaddon** (reg. 681–669 v. Chr.) nimmt sogar Ägypten ein. Unter ihm hat das as-

Assyrische Kunst: Geflügelter Geist

syrische Reich seine größte Ausdehnung.

Erst nach dem Tod **Assurbanipals** (reg. 669–627 v. Chr.) ist das Reich so schwach geworden, dass Babylonier und Meder es erobern können. Vermutlich kommen viele Gründe zusammen: Das Königshaus ist in Erbstreitigkeiten verstrickt. Wichtige Verbündete müssen durch Privilegien und Steuerfreiheit bei der Stange gehalten werden. Gleichzeitig stören die vielen Kriege den Handel. Aus dem mehrfach zerstörten Babylon fließt beinahe kein Tribut mehr. Dafür steigt der Steuer-

druck auf die, die noch zahlen können, was zu Unzufriedenheit führt. Auch haben die anderen Mächte inzwischen die militärischen Errungenschaften der Assyrer übernommen.
Meder und Babylonier zerstören das so lange übermächtige Assyrien derart konsequent, dass die Historiker lange Zeit nichts von einem assyrischen Reich wussten und die ersten Funde ihrer Ausgrabungen nicht zuordnen konnten.

! Semiramis

Die legendäre Königin, der fälschlicherweise die Schöpfung der Hängenden Gärten zugeschrieben wird, heißt in Wahrheit Schammuramat. Sie ist eine aramäische Prinzessin aus Babylon und Gattin des Assyrerkönigs Schamasch-Adad V. Nach dem Tod ihres Gatten führt sie vier Jahre lang die Regentschaft für ihren Sohn Adad-Nirari III. (reg. 809–783 v. Chr.). Sie soll die babylonische Kultur und Religion in Assyrien populär gemacht haben und wird sehr bald in Legenden stark verklärt. Semiramis ist aber eine Ausnahme. In Assyrien gibt es nicht einmal den Titel einer Königin. Alle Frauen des Herrschers werden eigentlich als Palastfrauen bezeichnet.

Das Militär

Seinen Aufstieg verdankt das assyrische Reich seinem Militär. Gegen die schwergepanzerte assyrische Reiterei haben die anderen Heere keine Chance. Daneben gibt es eine Infanterie, einen militärischen Nachrichtendienst und sogar Kameleinheiten. Die Assyrer sind die ersten, die ihr Heer in verschiedene Waffengattungen unterteilen. Tiglatpileser III. führt ein stehendes Heer ein, das sich aus seiner Leibwache und großen Söldnerkontingenten zusammensetzt.
Der schlechte Ruf der Assyrer, als grausamstes aller orientalischen Völker, kommt auch daher, dass sie ihre Feldzüge und drastischen Strafmaßnahmen penibel in Wort und Bild dokumentieren, um potenzielle Feinde abzuschrecken. Vor allem die Akten des Assurnasirpal II. strotzen von Grausamkeiten, Folter und Massenmord.

? Schon gewusst?

Bereits im 13. Jh. v. Chr. bekommt der assyrische Stadtgott Assur immer mehr Züge eines Kriegsgottes, die er ursprünglich nicht hatte. Damit einher geht eine religiöse Verbrämung des Krieges.

Auch Massendeportationen sind keine assyrische Erfindung, aber kein anderes Volk hat sie in so großem Stil betrieben. Israeliten werden ins Zagrosgebirge gebracht, Babylonier nach Israel, assyrische Oppositionelle nach Syrien. Vor allem die Aramäer werden im ganzen Reich verteilt. Die Deportationen dienen aber nicht nur dazu, den Widerstand der Besiegten zu schwächen, sondern auch, dünnbesiedelte Gebiete z. B. im Zagros zu kolonialisieren.

In den assyrischen Archiven finden sich Listen mit Anzahl, Alter, Geschlecht, Beruf und Gesundheitszustand der Deportierten. Schätzungen gehen davon aus, dass während der assyrischen Herrschaft bis zu 4,5 Millionen Menschen verschleppt werden, genauso viele wie ganz Ägypten damals Einwohner hat.

Es werden jedoch nicht alle Völker gleich behandelt. Während kleine Völker, die den Handel mit Ägypten oder Anatolien zu stören drohen, praktisch ausgerottet werden, behandelt man die wirtschaftlichen Zentren schonend. Die phönizischen Stadtstaaten genießen weitgehende Autonomie. Während Aufstände anderswo ein Blutbad nach sich ziehen, begnügen sich die assyrischen Könige in Tyros oder Byblos damit, die Ordnung wieder herzustellen. Babylon genießt lange Zeit eher den Status eines Verbündeten als eines Vasallenstaates. Die verbündeten Elamiten werden von Assurbanipal während einer Hungersnot sogar mit Lebensmitteln versorgt und bekommen für einige Jahre Asyl in Assyrien.

Während der assyrischen Herrschaft werden die letzten Reste des alten Stammesdenkens beseitigt. In der Folgezeit wird der Nahe Osten von Großmächten regiert: Babylonier, Perser, Seleukiden, Römer, Araber, Osmanen ...

Kunst und Kultur

Die assyrischen Könige wechseln in kurzer Zeit mehrmals die Hauptstadt. **Salmanassar III.** (reg. 859–824 v. Chr.) verlegt seine Residenz nach **Nimrud**, **Sargon II.** (reg. 722–705 v. Chr.) baut **Dur-Scharrukin** nahe dem heutigen Chorsabad aus, sein Sohn **Sanherib** (reg. 705–681 v. Chr.) **Ninive**.

Dur-Scharrukin ist die Stadt, in der sich die mesopotamische Ar-

Goldtafel mit Keilschrift

chitektur heute noch am besten studieren lässt, weil sie vergleichsweise wenig zerstört ist. Zu den imponierendsten Relikten gehören monumentale Plastiken Sargons.

Überhaupt dient die Kunst im assyrischen Reich vor allem der politischen Propaganda. Das führt dazu, dass sie oft plump, grobschlächtig und mehr imponierend als ästhetisch ist.

Das gilt jedoch nicht für die Reliefs an den Wänden der Stadttore und Paläste von Assurbanipal in Ninive, die in ihrer detaillierten Ausarbeitung einen Höhepunkt der Reliefkunst darstellen. Sie sind über zwei Meter hoch und erzählen den Untertanen und auswärtigen Gästen ausführlich und in voller Lebensgröße von den Heldentaten des Herrschers – in der Politik, im Krieg und bei der Jagd.

Assurbanipal, der als einer der wenigen Könige seiner Zeit lesen und schreiben kann, lässt in Ninive auch eine berühmte Bibliothek errichten. Dort werden über 5000 bedeutende sumerische, akkadische und babylonische Keilschrifttexte gefunden, neben Verträgen und Urkunden auch das *Gilgemesch*-Epos.

? Schon gewusst?

Typisch für die assyrische Kunst sind Mischwesen wie geflügelte Greife oder Löwen mit Menschenköpfen. Sie sollen Schutzdämonen darstellen und stehen oft paarweise am Eingang von Palästen und Tempeln.

Die Perser

Die Perser und **Meder** sind Nomaden aus dem rauen iranischen Hochland. Die Meder lassen sich im 7. Jh. v. Chr. im nördlichen Zagros nieder und schließen sich – bedroht durch die Assyrer – um 670 v. Chr. zu einem Königreich zusammen. Von Assyrien schauen sie sich die straffe, zentralistische Staatsordnung ab. Binnen kurzer Zeit hat ein Volk, das eben noch von Stammeshäuptlingen regiert wurde, einen König, den nur Mitglieder seines Haushaltes persönlich sehen dürfen und in dessen Gegenwart jedes Lachen verboten ist.

Die persischen Stämme siedeln sich etwas später im südlichen Zagros an. Sie führen Raubzüge in das benachbarte Elam durch, übernehmen aber auch einiges von dessen Kultur. Irgendwann werden sie vermutlich Vasallen der Meder.

614 v. Chr. greift der Mederkönig **Kyaxares** die assyrische Hauptstadt Assur an und zerstört sie, zwei Jahre später macht er zusammen mit Nabopolassar von Ba-

bylon Ninive dem Erdboden gleich. Nach dem Ende des assyrischen Reiches übernehmen die Meder den Nordteil, müssen ihn jedoch in mehreren Kämpfen gegen die westanatolischen Lyder verteidigen. Zwar wird 585 v. Chr. ein Frieden geschlossen, doch die Meder sind geschwächt.

! Liebling der Historiker

Antike Autoren wie der griechische Geschichtsschreiber Xenophon (um 430–355 v. Chr.) sind voll des Lobes über Kyros. Attraktiv sei er gewesen, ehrlich, klug und vor allem von schneller Auffassungsgabe. Einer, der die Nase immer vorn hat. Kyros Erfolgsrezept ist, den besiegten Feinden eine ehrenvolle Kapitulation zu ermöglichen und so loyale Untertanen zu gewinnen, anstatt Ruinen und Rachedurst zu produzieren.

Xenophon

Diese Situation nützt **Kyros** (reg. um 559–529 v. Chr.), der König des westpersischen Fürstentums Anschan, aus. Es gelingt ihm zunächst die persischen Stämme zu einen. Um 550 v. Chr. wird er auch Herrscher über die Meder. Von ihnen übernehmen die Perser die zentralistische Verwaltung, die Organisation der Armee und das Hofzeremoniell.

547 v. Chr. besiegt Kyros den sagenhaft reichen Lyderfürst **Krösus**. Angeblich verdankt er das der Tatsache, dass er den einbrechenden Winter nicht scheut und die Kavallerie der Lyder mit Kamelen scheu macht. Danach unterwirft er mehrere Nomadenstämme im iranischen Hochland. 539 v. Chr. kann er nahezu kampflos in Babylon einziehen. Anstatt gegen die Befestigungen des Reiches anzurennen, verbringt Kyros wohl einen ganzen Sommer damit, den unpassierbaren Fluss Gyndes durch eine Vielzahl kleiner Kanäle umzulenken. Belsazar, der babylonische Statthalter, wird durch das plötzliche Auftauchen der Perser völlig überrascht, und das Volk begrüßt Kyros als Befreier.

Der unblutige Sieg beschert Kyros mit einem Schlag die Herrschaft über die wichtigste Handelsmetropole der Welt und die reiche mesopotamische Landwirtschaft. Außerdem wird er zum Herr über die phönizischen Städte und ihre

Flotte, die Babylon tributpflichtig sind. Einen weiteren loyalen Verbündeten gewinnt er, als er die Israeliten aus der babylonischen Gefangenschaft entlässt.
Kyros fällt 529 v. Chr. in einer Schlacht gegen die Nomadenkönigin Tomrys. Ihm folgt sein Sohn **Kambyses II.** (reg. 529–522 v. Chr.). Der kann zunächst sogar Ägypten erobern. Doch der neue Herrscher ist ein unpopulärer Despot. Versuche, **Karthago** und **Kusch** (Nubien) zu unterwerfen, scheitern, weil ihn seine Verbündeten im Stich lassen. 522 v. Chr. wird Kambyses zurück nach Persien gerufen, weil ein Usurpator sich seines Thrones bemächtigt hat. Er stirbt jedoch auf dem Heimweg.
Kambyses' Nachfolger wird sein Cousin **Dareios I.** (reg. 522–486 v. Chr.). Er ist unter Kambyses Kommandeur der „Zehntausend Unsterblichen", der Elitetruppe des persischen Heeres. Mit dieser schlägt er alle Aufstände im Reich nieder, aber auch die Rebellionsversuche von Vasallenvölkern, die die Situation nutzen wollen. Aufrührer werden öffentlich geschunden und gepfählt, Länder und Verwaltungsstrukturen aber geschont. Besonders gebeutelten Teilen des Reiches wird sogar ein dreijähriger Steuererlass eingeräumt.
Dieses Prinzip wird er auch später konsequent anwenden: hart gegen alle, die sich gegen ihn stellen, ansonsten äußerst großzügig und tolerant. Er geht nie willkürlich vor, sondern hält sich immer streng an die Maßstäbe, die er verkündet hat.
Nachdem die Aufstände niedergeworfen sind, widmet sich Dareios vor allem der Organisation, Verwaltung und Infrastruktur seines

! Der mysteriöse Magier

Dareios I. behauptet in einer berühmten Felseninschrift, Kambyses habe vor seiner Abreise nach Ägypten seinen eigenen Bruder Bardiya umbringen lassen. Einige Jahre später habe ein Magier namens Gaumata sich als Bardiya ausgegeben und den Thron erobert, sei aber von ihm, Dareios, besiegt worden. Viele Historiker vermuten jedoch, dass Gaumata eine Erfindung von Dareios und der Usurpator tatsächlich Bardiya ist. Der aber war sehr beliebt, offizieller Thronfolger des kinderlosen Kambyses und noch dazu ein Cousin von Dareios. Damit steht dessen „Rettungstat" in viel schlechterem Licht da. Diese Version aber würde erklären, warum Dareios nach seinem Sieg über den „Magier" noch zwei Jahre lang mit schweren inneren Unruhen und Aufständen zu kämpfen hat.

Reiches. Daneben erobert er das heutige Pakistan, das mit seinen goldhaltigen Flüssen zur ergiebigsten Steuereinnahmequelle des Reiches wird. Der Versuch, Griechenland als Konkurrent im Mittelmeerhandel auszuschalten, scheitert dagegen. 490 v. Chr. unterliegt er bei **Marathon**.

Schon gewusst?

Persien wird unter Dareios der größte Staat, den es bis dato gegeben hat. Er ist fast fünf Millionen Quadratkilometer groß und umfasst die heutigen Staaten Pakistan, Afghanistan, Turkmenistan, Tadschikistan, Teile Usbekistans, Iran, Irak, Kuwait, Georgien, Armenien, Aserbeidschan, Türkei, Zypern, Syrien, Libanon, Israel und Palästina, Jordanien, Ägypten und den nördlichen Teil von Libyen. Auf diesem Gebiet leben damals rund zehn Millionen Menschen.

Dareios' Sohn **Xerxes I.** (reg. 485–465 v. Chr.) hat nicht mehr das Format seines Vaters, kann das Reich aber sichern und bewahren. Allerdings regiert er mit willkürlicher Brutalität anstatt der Mischung aus Toleranz und konsequenter Härte, der Kyros und Dareios ihre Erfolge verdanken. Gegen die Griechen unterliegt Xerxes trotz gewaltiger Anstrengungen ebenfalls. Zwar gelingt es ihm während seines Feldzuges 480–479 v. Chr., Athen zu erobern; bei **Salamis** und **Platäa** jedoch erleidet er empfindliche Niederlagen gegen das zahlenmäßig viel kleinere griechische Heer und muss sich zurückziehen. 456 v. Chr. wird er von Führern seiner Palastwache im Bett ermordet.

Seine Nachfolger kommen fast alle nur durch die Beseitigung mehrerer Geschwister an die Macht. Dabei werden so grausame Todesarten wie Steinigung oder langsames Rösten angewendet. Doch trotz der ständigen Morde und Verschwörungen im Palast sind die von Dareios I. geschaffenen Strukturen so stark, dass das Leben in den einzelnen Provinzen

Schon gewusst?

Wissenschaftler vermuten, dass Persien an einer Inflation zu Grunde ging. Die persischen Könige horten so riesige Reichtümer, dass Geld knapp wurde. Wer seine Steuern bar leisten muss, verschuldet sich hoch, um das knappe Münzgeld zu bekommen. Alexander d. Gr. findet nach seinem Einmarsch allein in den Schatzkammern von Susa 270 Tonnen Goldmünzen und 1200 Tonnen Silberbarren. Weitere Reichtümer lagern in Persepolis.

davon kaum berührt wird. Die Verhältnisse bleiben dort lange stabil und das kulturelle Leben blüht.

Erst im 4. Jh. v. Chr. kommt es zu mehreren Revolten, z. B. in Ägypten, die von **Artaxerxes III.** (reg. 359–338 v. Chr.) blutig niedergeworfen werden. Inzwischen hat das einstmals so reiche Persien auch wirtschaftliche Probleme. Der Steuerdruck wird immer höher und zieht Unzufriedenheit nach sich.

Als **Dareios III.** (reg. 336–330 v. Chr.) an die Regierung kommt, ist

Alexander der Große

die Verwaltung morsch, und die Wirtschaft liegt am Boden. **Alexander d. Gr.** (reg. 336–323 v. Chr.) kann das Riesenreich deshalb relativ leicht erobern. Wie Kyros 200 Jahre zuvor, wird er teilweise als Befreier begrüßt.

Verwaltung und Infrastruktur

Dareios teilt sein Riesenreich in einzelne Provinzen (Satrapien), die von einem **Satrapen** regiert werden, der aus einer der mächtigen persischen oder medischen Familien stammt. Diese Satrapen regieren teilweise Gebiete von der Größe Ägyptens, haben viele Freiheiten und können sehr reich werden. Doch alle Abrechnungen und jede Korrespondenz wird von einem Rechnungsmeister und Sekretär geprüft. Außerdem schickt Dareios Sonderbeauftragte zur spontanen Kontrolle im Reich herum. Auch die Garnisonen in den Satrapien unterstehen direkt dem Großkönig.

Dareios vereinheitlicht alle Maße und Gewichte in seinem Reich und führt zum ersten Mal in der Geschichte eine gemeinsame Währung ein. Direkt nach seiner Machtübernahme lässt er einige Gelehrte eine persische Schrift entwickeln, die es bis dahin noch nicht gab. Sie wird jedoch sehr schnell durch das einfachere Aramäisch ersetzt.

Allerdings können die unterworfenen Völker daneben ihre eigenen Sprachen verwenden. Außerdem herrscht Religionsfreiheit, und die Völker dürfen viele ihrer traditionellen Gesetze behalten. Die Richter werden jedoch scharf überwacht. Bei Bestechlichkeit oder Nachlässigkeit drohen harte Strafen.

Das Steuerwesen dagegen wird im ganzen Reich einheitlich und systematisch geregelt. Es gibt eine Umsatzsteuer, Hafen- und Marktzölle und Straßenbenutzungsgebühren.

Am meisten bewundern die Historiker Dareios' Leistungen in der Kommunikation und Infrastruktur. Er lässt ein großes Straßennetz anlegen und baut ein Postsystem für dienstliche Nachrichten auf. Alle 20 bis 40 Kilometer gibt es eine Station zum Pferdewechsel. Für diesen Kurierdienst werden auch eigens schnelle Pferde gezüchtet. Der griechische Geschichtsschreiber Herodot (482–429 v. Chr.) berichtet, eine Nachricht des Königs brauche von Sardes nach Susa (2500 Kilometer) nur sieben Tage, eine Karawane dagegen drei Monate. Darüber hinaus sei die Qualität der 111 Herbergen auf dieser Route auch noch vortrefflich.

Für kurze Meldungen gibt es Signaltürme, die Nachrichten über Blinkzeichen weiterleiten. Sie sind im Iran bis ins 19 Jh. in Gebrauch. So wird der König über Unruhen und andere wichtige Dinge im Reich sehr schnell informiert.

Neben den Straßen baut Dareios auch das Kanalnetz aus und belebt den Binnenschiffverkehr. Sein größtes Werk ist eine 144 Kilometer lange Verbindung zwischen dem Roten Meer und dem Nil.

! Persische Bürokratie

Das biblische Buch Esra erzählt, wie der Stadthalter von Jerusalem eines Tages feststellt, dass die Juden ihren Tempel wieder aufbauen, obwohl er dies nicht genehmigt hat. Die Ältesten berufen sich jedoch auf einen Erlass von Kyros. Der Statthalter schreibt also an Dareios und bittet, man solle in den Archiven Babylons nach dem Erlass suchen. Dort wird man nicht fündig, doch im Staatsarchiv von Ekbatana, der alten Mederhauptstadt, findet sich eine Kopie. Daraufhin befiehlt Dareios seinem Statthalter, den Weiterbau zu genehmigen und sogar noch finanziell zu fördern.

Um 600 v. Chr. hatten auch schon die Ägypter versucht, einen solchen antiken „Suez-Kanal" zu graben, das Projekt aber abgebrochen, nachdem es 120.000 Menschenleben gekostet hatte.

Für die Wasserversorgung in den trockenen, heißen Gebieten des Reiches werden kilometerlange **Quanate** gegraben, unterirdische, leicht abschüssige Kanäle, in denen das Wasser nicht verdunsten kann.

In der Landwirtschaft unterstützt der König Anbauexperimente. So werden asiatische Früchte in Ionien kultiviert, medische Luzerne

als Pferdefutter in Griechenland eingeführt, Pistazien in Syrien, Sesam in Ägypten und Leinen in Babylon.
Eine wichtige Rolle im Wirtschaftsleben spielen die Manufakturen. Diese Staatsbetriebe werden in der Regel von den Königinnen verwaltet. Dareios' Frau Rtabama gehört z. B. die Textilmanufaktur in Shiraz, wo 250 Angestellte, vor allem Frauen, Gewänder und Mäntel herstellen. Männer und Frauen werden gleich entlohnt. Die Hersteller „feiner" oder „superfeiner" Textilien jedoch besser als die, die nur einfache Gewänder nähen. Es gibt eine Lohnfortzahlung bei Krankheit und einen fünfmonatigen Mutterschaftsurlaub. Danach werden die Kinder von staatlich bestellten Ammen betreut. Außerdem haben Mütter die Möglichkeit, Teilzeit zu arbeiten. Sie können jedoch auch Aufseherinnen werden und scheinen ähnliche Karrierechancen gehabt zu haben, wie Männer – solange der Beruf nicht – wie z. B. Verwaltungsaufsicht – mit Reisen verbunden ist und die Frau von ihrer Familie weggeführt hätte.

Religion

Lange Zeit hatten die Perser einen bunten Götterhimmel, der dem der indischen Arier verwandt war. Doch gegen Ende des 7. Jh. v. Chr. gründet **Zarathustra** (bzw. Zoroaster) im östlichen Iran die erste monotheistische Religion der Welt. Aus dem alten Götterhimmel wählt er **Ahura Masda**, den er als alleinigen Schöpfer der Welt ansieht.
Ahura Masda, so lehrt Zarathustra, ist kein launischer Gott, den man mit Opfern bestechen kann, sondern er stellt die Menschen vor eine klare Alternative. Sie können Spenta Mainyu, dem heiligen Geist, oder Angra Mainyu, dem Geist der Zerstörung, folgen. Nach ihrem Tod werden sie für ihre Taten gerichtet und mit ewigem Leben oder ewiger Pein bestraft.
Auf Reliefs ist Ahura Masda als geflügelte Sonnenscheibe dargestellt. Seine Heiligtümer sind große Türme, in denen das heilige Feuer nie ausgehen darf. Weil die Elemente, vor allem Feuer und Erde, als heilig gelten und nicht verschmutzt werden dürfen, werden die Toten in späterer Zeit in „Türmen des Schweigens" niedergelegt und den Aasgeiern überlassen.
Vermutlich im Jahr 588 v. Chr. überzeugt Zarathustra den ostiranischen König Wischtaspa von dieser neuen Religion. Auf sein Drängen führt der König mehrere Kriege, um die Ausbreitung des Zoroastrismus zu fördern.
Dareios d. Gr. ist überzeugter Anhänger der neuen Religion. Zahl-

reiche Inschriften belegen seine Ergebenheit gegenüber Ahura Masda. Allerdings unterstützt der Zoroastrismus auch seine Staatsideologie. Lüge (drauga) ist alles, was sich gegen die Herrschaft des Königs richtet, Wahrheit (arta) die vom König definierte Ordnung.

Unter Xerxes wird der Zoroastrismus Staatsreligion. Doch langsam verwässert der monotheistische Kern wieder. Die Könige rufen mehr und mehr auch die alten Götter an. Besonders beliebt ist eine Trias aus Ahura Masda, Mithras und Anahita (Ischtar).

? Schon gewusst?

Unser Wort Magie leitet sich von den Magiern ab, der Priesterkaste bei Medern und Persern. Man sagte ihnen im Altertum übernatürliche Fähigkeiten nach. Es scheint, dass sich die Magier nur über ihre Funktion und nicht über religiöse Überzeugungen definiert haben. Sie haben wohl jeden religiösen Wechsel der persischen Geschichte, z. B. von der Vielgötterei zum Zoroastrismus und wieder zurück, mitgemacht. Allerdings fühlen sie sich nur für persische und medische Götter, nicht etwa für babylonische oder elamische verantwortlich.

Gesellschaft und Kultur

Kyros, der erste persische König, ist noch mit dem harten Leben der Nomaden vertraut. Weiches Land zeuge weiche Söhne, behauptet er. In der Erziehung der Kinder ist diese Härte noch zu spüren. Die persischen Jungen werden von ihrem fünften bis zum 15. Lebensjahr in Reiten, Bogenschießen und dem Zweikampf trainiert. Außerdem müssen sie anstrengende Wettläufe absolvieren, ihr Essen oft selbst beschaffen und sich an extreme Temperaturen gewöhnen.

Im Leben der persischen Erwachsenen dagegen findet sich sehr großer Luxus. Die griechischen Autoren berichten, dass die Perser als erste Wert darauf legen, ihre Betten weich zu polstern. Außerdem werden schon damals die prachtvollen, weichen Teppiche mit ihren wundervollen Mustern und die bestickten Überdecken gerühmt. Selbst die Satteldecken der Pferde seien kaum weniger aufwändig verziert gewesen.

Von den Elamitern übernimmt der persische Hofstaat ein Festgewand, das mit reich bestickten Borten geschmückt ist und in unzählige kunstvolle Falten gelegt wird. Ein solches Gewand gilt im ganzen Reich als Ehrengeschenk. Der römische Dichter Tertullian (160–220) spottet später: „Alexander eroberte das medische

Volk und wurde erobert von der medischen Kleidung."

Auch die alte iranische Reiterkleidung mit Strumpfhosen und einem kurzen Mantel wird immer prächtiger. Die griechischen Historiker berichten, die Mäntel seien mit Goldplättchen übersät gewesen, die kleine Sphinxen oder Löwenköpfe darstellen.

Frauen sind ähnlich gekleidet wie die Männer. Da sie aber in der Kunst selten dargestellt werden, nahm man lange an, sie hätten ein rechtloses Dasein hinter Haremsmauern gefristet. Inzwischen belegen z. B. zahlreiche Abrechnungen der persischen Königinnen, dass diese eine große gesellschaftliche Rolle gespielt haben. Sie besitzen eigene Betriebe, verwalten Güter und sind viel unterwegs, um ihre geschäftlichen Angelegenheiten zu regeln. Dareios' Frauen scheinen öfters rauschende Feste für Tausende von Gästen zu geben – müssen aber hinterher die Kosten gegenüber der Verwaltung penibel abrechnen.

Begehrt sind im Altertum auch die persischen Möbel. Angeblich braucht Alexander d. Gr. 10.000 Maultierpaare und 5.000 Kamele, um alle Beutestücke aus Persepolis abzutransportieren. Typisch persisches Design sind dabei Löwentatzen oder Stierhufe als Beine von Tischen und Betten. Der Luxus setzt sich im Nassbereich fort. In persischer Zeit hat jedes Haus in Babylon ein Bad. Viel Wasser wird auch für die kunstvollen Gartenanlagen gebraucht, für die die Perser berühmt sind.

? Schon gewusst?

Unser Wort „Paradies" leitet sich von dem persischen Wort für Park ab. Auch heute noch wird im Iran der Pflege der Grünanlagen eine große Aufmerksamkeit gewidmet.

Barbarisch finden die Griechen die persische Gewohnheit, Wein ungemischt zu trinken. Das hindert sie allerdings nicht daran, das

? Schon gewusst?

Die Perser fällen Beschlüsse grundsätzlich nur mit Alkohol. Herodot berichtet: „Den Wein lieben sie sehr. Sie pflegen im Rausch die wichtigsten Angelegenheiten zu verhandeln. Den Beschluss, den man so gefasst hat, trägt der Hausherr, in dessen Haus die Beratung stattfindet, am nächsten Tag, wenn die Beratenden nüchtern sind, noch einmal vor. Ist man auch jetzt damit einverstanden, so führt man das Beschlossene auch aus. Auch einen Gegenstand, den sie nüchtern vorberaten haben, wird in der Trunkenheit noch einmal erwogen."

typisch persische Trinkgefäß, den **Rhyton**, zu übernehmen. Dabei handelt es sich um ein geschwungenes Horn, das in einem Tierkopf endet. Getrunken wird aber nicht aus dem Horn. Man gießt den Wein durch ein kleines Loch in der Brust des Tieres in eine flache Trinkschale.

Kunst und Architektur

Die Kunst im Perserreich ist eine Symbiose aus babylonischen, assyrischen, ägyptischen und griechischen Elementen. Sie zeichnet sich weniger durch neue Entwicklungen, als durch eine prachtvolle Entfaltung aus. Schließlich sind die persischen Großkönige reich und können die besten Handwerker der ganzen bekannten Welt an ihren Hof holen.

Schon Kyros lässt sich in **Pasargade** eine neue Residenzstadt mit einem prächtigen Palast bauen. Trotzdem scheint er noch ein Herrscher „zum Anfassen" zu sein. Dareios jedoch führt eine aufwändige Hofhaltung und ein ausgeklügeltes Zeremoniell ein. Wie bei den Medern ist es nun eine besondere Ehre, den König von Angesicht zu Angesicht sehen zu können.

Er und seine Nachfolger errichten in **Persepolis** eine Residenz, die alle früheren Palastanlagen in den Schatten stellt. Sie ist aber nicht ständiger Regierungssitz, sondern lediglich Kulisse für die jährlichen Neujahrsfeste, wenn alle Völker ihre Tribute an den König bringen. Außerdem werden die Begräbnisse der Könige hier begangen.

Die Anlage liegt auf einer 14 Meter hohen, künstlich angelegten Terrasse, zu der eine große Freitreppe hinaufführt. Auf den Re-

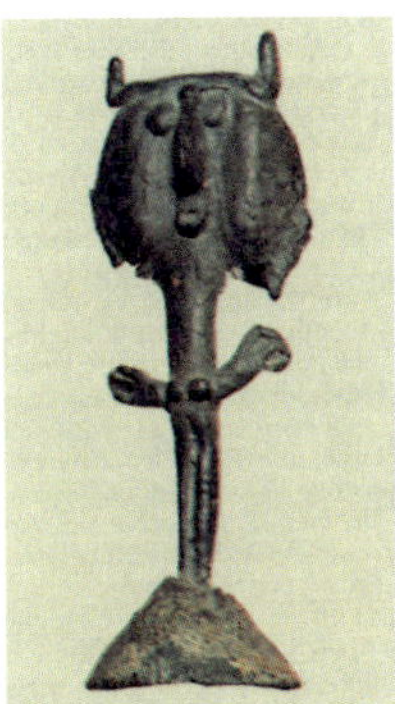

Bronzefigur, Persien (ca. 8. Jh. v. Chr.)

Bronzefigur, Persien (Kurdistan) (ca. 8. Jh. v. Chr.)

Vergoldete Platte, König mit Löwe, Persien (Kurdistan) (7. Jh. v. Chr.)

Eingang zur Vorhalle des Xerxes I. in Persepolis (5. Jh. v. Chr.)

sucher fasst. Im Gegensatz zu den dunklen, meist fensterlosen mesopotamischen Palästen sind diese hohen, hellen Hallen wohl im medischen Stil gebaut.

Xerxes I. baut mit der Hundert-Säulen-Halle (4700 Quadratmeter) sogar eine noch größere Empfangshalle und stellt auch einen neuen Palast gleich neben den seines Vaters.

Außerdem lässt er riesige Schatzhäuser errichten, in denen die Neujahrstribute gehortet werden. Die Biographen Alexanders d. Gr. schwärmen von den ungeheuren Reichtümern, die bei der Einnahme von Persepolis erbeutet werden.

liefs der Treppe sind Abgesandte von 23 unterworfenen Völkern dargestellt, wie sie ihren Tribut bringen: die Elamiter ein Löwenjunges, die Ionier große Wollknäuel, die Lyder goldene Gefäße, die Baktrier ein Kamel, die Kuschiten Elfenbeinzähne, die Skythen, die das Privileg haben, in Gegenwart des Königs Waffen zu tragen, Schmuck und Pferde.

Den Eingang bildet das „Tor aller Völker“, das von Fabelwesen bewacht wird. Von dort gelangen die Besucher in die Audienzhalle (Apanada), die 3600 Quadratmeter groß ist und über 10.000 Be-

? Schon gewusst?

Obwohl Persepolis Alexander kampflos übergeben wird, hat er die Stadt, die bei den Persern übrigens Parsa heißt, niedergebrannt. Um die Zerstörung Athens durch Xerxes zu rächen, erzählen einige seiner Biographen – aus Versehen und schwer betrunken während des Siegesfestes, sagen die anderen.

Ägypten

Ägypten ist der stabilste Staat des Altertums. Über drei Jahrtausende scheint er nahezu unverändert zu bestehen. Dabei übersieht man leicht, dass das Land am Nil von 31 verschiedenen Dynastien regiert wird, die zum Teil als Eroberer aus dem Ausland kommen. Doch es gibt zwei große Konstanten in der ägyptischen Geschichte: den Überschwemmungsrhythmus des Nils und den Totenkult. Der ganze Staatsaufbau, die ganze Verwaltung ist auf diese beiden Dinge zugeschnitten – so sehr, dass jeder neue Herrscher sich dem innenpolitischen System anpassen muss.

Pyramide von Giseh

Grundzüge der ägyptischen Geschichte

Die Ägypter unterscheiden zwischen Kerme, dem schwarzen Land, und Daschre, dem roten. Schwarz ist das Land, das alljährlich zwischen Juli und Oktober von den Fluten des Nils überschwemmt und mit fruchtbarem Schlamm überzogen wird. Rot ist die Wüste. Die Übergänge sind oft ganz abrupt. Die Pyramiden, 500 Meter vom Ufer entfernt, stehen schon in der Wüste.

Während der Hochwassermonate müssen die Bauern ihre Dörfer verlassen und von Vorräten leben. Da im Schnitt aber nur 30 Prozent aller Überschwemmungen genügend Schlamm für das ganze Land liefern, werden eine zentrale Versorgung und Vorratshaltung nötig. Beinahe ebenso schnell beginnen die Herrscher, die Arbeitskraft ihrer Untertanen für große Bauprojekte zu nutzen.

Schon gewusst?

Unterägypten besteht aus dem Nildelta, das damals sieben Arme hat, und der Oase von Fajûm, die während des Mittleren Reiches landwirtschaftlich nutzbar gemacht wird. Das eigentliche Niltal dagegen, das an keiner Stelle mehr als 25 Kilometer breit ist, bildet **Oberägypten**. Die Südgrenze markiert über große Spannen der ägyptischen Geschichte eine natürliche Staustufe des Nils, der so genannte **Erste Katarakt** bei Assuan.

Im 7. Jt. v. Chr. beginnen die Bewohner Nordafrikas sich wegen der fortschreitenden Austrocknung des Landes mehr und mehr in das Niltal zurückzuziehen. Ab dem 5. Jt. v. Chr. sind entlang des Flusses verschiedene Kulturen und erste Bewässerungsmaßnahmen nachweisbar. Am wichtigsten ist die oberägyptische **Negade-Kultur**, aus der heraus sich Ende des 4. Jt. v. Chr. ein größeres Reich zu entwickeln beginnt.

Ackerbau im alten Ägypten

Ungefähr um 3000 v. Chr. sollen Ober- und Unterägypten vereinigt worden sein. Die Überlieferung schreibt diese Tat dem König **Narmer** zu, in Wahrheit handelte es sich vermutlich um einen längeren Prozess. Es wurde jedoch eine Schminkpalette gefunden, die zeigt, wie Narmer seine Feinde erschlägt. Auf der einen Seite trägt er die weiße Krone Oberägyptens, auf der anderen die rote Unterägyptens. Sein Sohn **Menes** (reg. um 2900 v. Chr.) gilt als der Gründer der neuen Regierungsstadt Memphis, die zwischen den beiden Landesteilen liegt.

Schon gewusst?

Die Bezeichnung Pharao für die ägyptischen Könige wird erst durch das Alte Testament populär. Ab dem 14. Jh. v. Chr. scheuen sich die Ägypter wohl, ihren göttlichen Herrscher beim Namen zu nennen und verwenden stattdessen die Umschreibung „Par-o“ (Großes Haus) für den Königspalast, den Hofstaat und auch den König selbst. Die gefangenen Israeliten übernehmen diese Gewohnheit. Etwa ab 950 v. Chr. wird „Pharao“ offizieller Titel. Vorher führen die ägyptischen Herrscher Titel wie „Starker Stier“, „Erglänzend in Theben“ oder „Geliebt von Osiris“.

Die Regierungszeit der ersten beiden ägyptischen Dynastien wird als **Thinitenzeit** bezeichnet. Thiniten (Die, die Kanäle graben) heißen die Gaufürsten, die für die Bewässerungspolitik zuständig sind. Während dieser Zeit wächst Ägypten zu einem Reich unter einem zentralen Herrscher zusammen. Mit Beginn der 3. Dynastie ist das Pharaonentum fest etabliert.

Als Begründer des **Alten Reiches** gilt König **Djoser** (reg. um 2737–2717 v. Chr.). Aus dieser Zeit sind relativ wenige schriftliche Zeugnisse erhalten, aber die gewaltigen Bauwerke, vor allem die **Pyramiden von Giseh** aus der 4. Dynastie beweisen, dass das junge Staatsgebilde enorm leistungsfähig und vollständig durchorganisiert gewesen sein muss.

Während der 5. und 6. Dynastie werden die Pyramiden jedoch immer kleiner, und um 2180 v. Chr. beginnt eine Zeit der Anarchie, die um 2040 v. Chr. von König **Mentuhotep II.** (reg. 2061– 2010 v. Chr., 11. Dynastie) beendet wird. Um 1785 v. Chr. verfällt die zentrale Macht jedoch wieder, und 1645 v. Chr. können sogar Nomaden aus dem Nahen Osten, die so genannten **Hyksos**, die Macht übernehmen.

Amosis I. (reg. um 1570–1546 v. Chr.) besiegt die Hyksos und gründet das **Neue Reich**. Dessen letzter großer Pharao ist **Ramses III.** (reg. um 1182–1151 v. Chr.). Danach wird das Reich durch soziale Unruhen geschwächt. Ägypten wird von kurzlebigen Dynastien beherrscht und gerät mehrmals unter assyrische und persische Herrschaft.

Nach dem Sieg von Alexander d. Gr. über den Perserkönig Dareios III. bei **Issos** (333 v. Chr.), ergibt sich das Land widerstandslos dem makedonischen König. Nach dessen Tod fällt es an seinen General **Ptolemäus** (reg. 305–285 v. Chr.), der noch einmal eine Dynastie errichtet. 30 v. Chr. wird Ägypten römische Provinz.

Pyramiden von Giseh

! Kleine Chronologie

Negade-Kultur:
um 3800–3000 v. Chr.
Thinitenzeit:
um 3000–2700 v. Chr.
Altes Reich:
um 2755–2255 v. Chr.
Erste Zwischenzeit:
um 2255–2130 v. Chr.
Mittleres Reich:
um 2130–1785 v. Chr.
Zweite Zwischenzeit:
um 1785–1570 v. Chr.
Neues Reich:
um 1570–1070 v. Chr.
Zeit des Niedergangs:
um 1070–332 v. Chr.
Reich der Ptolemäer:
305–30 v. Chr.

Die Religion

Der ägyptische Götterhimmel entwickelt sich aus alten Orts- und Stammesgottheiten, die anfangs oft tierische Gestalt haben und später zu Menschen mit Tierkopf mutieren. Im Laufe der Geschichte kommt es zu zahlreichen Umwandlungen. So kann ein Gott sich in verschiedene Persönlichkeiten aufspalten. Aus dem Sonnengott **Re** entwickeln sich z. B. **Chephren**, der Gott der Morgensonne, **Aton**, die Sonnenscheibe, und **Harachte**, der Sonnenfalke. Umgekehrt verschmelzen Lokalgötter wie **Amun** mit Reichgöttern wie Re zu einer Person. Für das Gesamtreich sind vor allem **Re**, **Maat** und alle Götter, die mit dem Totenkult in Verbindung stehen, von Bedeutung.

? Schon gewusst?

Die zentrale Bedeutung des Sonnenkultes zeigt sich deutlich in der ägyptischen Architektur. Sowohl die Spitzen der Pyramiden, wie die der Obelisken sind ursprünglich mit Elektron, einer Gold-Silber-Legierung, überzogen. Wenn die Sonnenstrahlen darauf treffen, gilt das als Verbindung zwischen Himmel und Erde, zwischen Re und dem Pharao. Gold ist als Sonnenmetall ausschließlich dem König und der Religion vorbehalten.

Unter Maat verstehen die Ägypter die personifizierte, göttliche Ordnung. Alles sichtbare Gelingen – die Nilüberschwemmung, der Bau der Pyramiden, die staatliche Verwaltung – sind Maat und damit ein Geschenk der Götter. Damit wird jeder Beitrag zum Funktionieren des Staates eine quasireligiöse Handlung. Die Arbeiter, die Steine für die Pyramiden hauen, verhalten sich genauso „maatgemäß“ wie korrekte Verwaltungsbeamte oder der Pharao in Ausübung der heiligen Rituale. Dieser feste Glaube an eine göttliche Ordnung verleiht dem ägypti-

Götterhimmel am Nil

Amun: Lokalgott von Theben, später mit Re verschmolzen
Anubis (Schakalkopf): Begleiter der Toten ins Jenseits
Chnum (Widderkopf): Töpfergott, Schöpfer der Menschen
Hathor (Kuhkopf mit Sonnenscheibe zwischen den Hörnern): Liebes- und Himmelsgöttin
Horus (Falkenkopf): Verkörperung des Pharao
Isis (Hörner mit Sonnenscheibe): Göttin der Natur
Maat (Straußenfeder): Die personifizierte Ordnung und Wahrheit
Osiris (weiße Krone Oberägyptens und Krummstab): Herrscher und Richter im Totenreich
Ptah (blaue Haube): Schutzgottheit der Künstler, Stadtgott von Memphis
Re: Sonnengott, oberster der Götter
Sachmet (Katzenkopf): Kriegs- und Liebesgöttin
Thot (Ibiskopf): Gott der Schreiber, der Weisheit und Wissenschaft

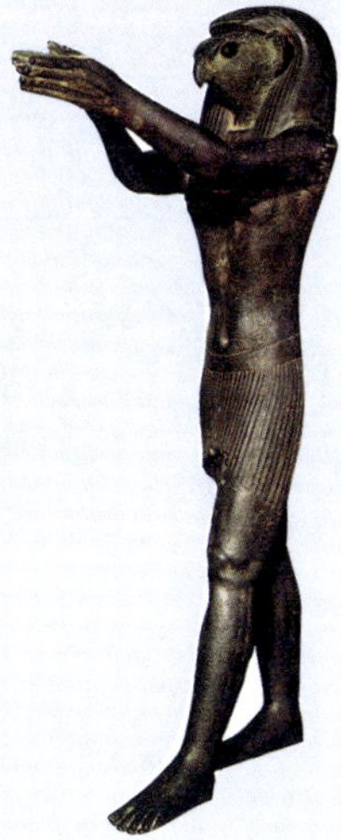
Horus

schen Reich 3000 Jahre lang einen sehr konservativen, stabilen Charakter.

Der ägyptische Totenkult beruht auf dem *Osiris-Mythos*: Der Sonnengott Re zeugt Schuf und Tefnut, die Luft und das Wasser, die wiederum Geb und Nut, Erde und Himmel, hervorbringen. Diese beiden haben vier Kinder: **Osiris**, die Überschwemmung, **Isis,** den Acker, **Seth**, die Dürre, und **Nephtys**, die Wüste. Osiris wird von seinem Bruder Seth getötet, doch Isis fügt den zerstückelten Leichnam ihres Gatten wieder zusammen und macht eine Mumie daraus. So kann Osiris als Gott der Unterwelt und Totenrichter weiterleben.

Der Totenkult

Die Ägypter glauben an ein Leben nach dem Tod – vorausgesetzt, die Seele hat noch einen Träger. Am besten eignet sich dafür der Leichnam des Toten, der deshalb aufwändig mumifiziert wird. Bei der teuersten Art wird der Körper geöffnet. Man entnimmt die Organe, setzt sie in vier Krügen gesondert bei und füllt den Körper mit konservierenden Stoffen. Bei

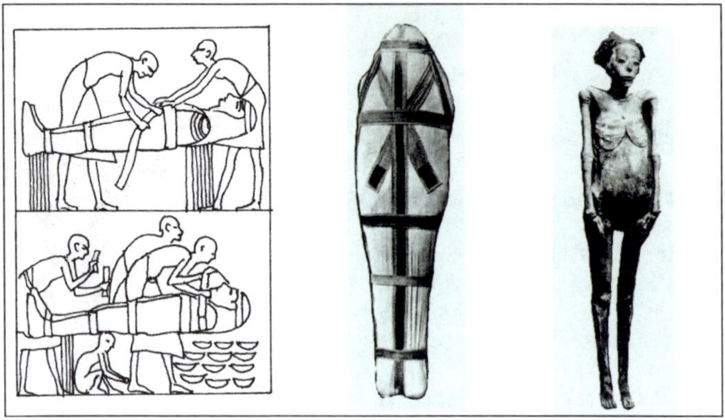

Mumifizierung

einer Mumifizierung der Mittelklasse wird Zedernöl, das alle Eingeweide zersetzt, in die Körperöffnungen gespritzt. Die Leichname der Armen werden dagegen nur in eine Salz- oder Natronlauge eingelegt.

Nach 70 Tagen der Konservierung kann der Körper beigesetzt werden. Da das Land der Toten nach ägyptischer Vorstellung dort liegt, wo die Sonne untergeht, befinden sich nicht nur die Pyramiden der Könige, sondern auch die Friedhöfe des einfachen Volkes am Westufer des Nils.

Nach der Bestattung hat der Tote einen überaus schwierigen und gefährlichen Gang ins Jenseits anzutreten. Dazu müssen ihm einerseits seine Sinne zurückgegeben werden, was in dem komplizierten Ritual der Mundöffnung geschieht, andererseits braucht er ein Totenbuch, das Gesänge, Zaubersprüche und Handlungsanweisungen für die verschiedensten Situationen gibt. Diese illustrierten Jenseitsführer kommen Anfang des 2. Jt. v. Chr. auf. Man kann sie fertig kaufen und muss nur noch seinen Namen einsetzen.

Vorher werden die Sprüche auf die Sarkophage oder die Wände der Totenkammer geschrieben. Sie dienen z. B. dazu, Dämonen zu beschwören oder das mitgegebene Totenschiffchen samt Besatzung lebendig und funktionstüchtig werden zu lassen. Dieses Schiff ist unbedingt nötig, um ins Totenland übersetzen zu können. Rund um die Cheopspyramide sind noch fünf echte, lebensgroße Schiffe vergraben.

Hatte der Tote alle Klippen genommen, muss er schließlich vor Osiris treten, wo sein Herz gewo-

Ägyptisches Grabrelief

gen wird. Je ausgeprägter diese Vorstellung vom Totengericht wird, desto stärker ist auch das Bewusstsein für einen moralischen Lebenswandel. „Ich habe dem Brot gegeben, der Hunger hatte, Wasser dem, der Durst hatte, ein Kleid dem, der nackt war, ich habe die Witwe und die Waise beschützt", heißt es auf verschiedenen Totenstelen.

? Schon gewusst?

In der Thinitenzeit gibt es in Ägypten noch Menschenopfer. Die Könige nehmen ihre Frauen, Diener, Hunde und Hofzwerge mit ins Jenseits. Ab dem 3. Jt. v. Chr. hält man Bilder und kleine Statuen für ausreichend.

Jede königliche Begräbnisstätte hat einen Totentempel, in dem die Priester täglich Opfer für den verstorbenen Herrscher und die verschiedenen Götter darbringen. Um den Kult aufrecht zu erhalten, werden den Tempeln immer mehr Schenkungen gemacht und Privilegien wie Steuerbefreiungen gewährt. Mit der Zeit entstehen wirtschaftlich autarke Totenstädte, die ihr eigenes Land haben, das von Pächtern bestellt wird. Neben den Priestern leben auch alle Handwerker und Arbeiter, die für den Betrieb nötig sind, in der Stadt.
Die Tempel dienen aber nicht nur dem Jenseits, sondern sind auch Zentren der Wissenschaft. Hier werden z. B. Kalender erstellt, astronomische Berechnungen angestellt und Ärzte ausgebildet.

Die Verwaltung

Die Ägypter sind vermutlich die größten Bürokraten der Frühzeit. Das ganze Reich wird von einer straff durchorganisierten Beamtenschaft verwaltet. Fast alle Dinge des Lebens sind zentral geregelt. Deshalb kommt man auch bis ins 4. Jh. v. Chr. ganz ohne Geld aus. Ein Großteil der Agrarprodukte und Handwerkserzeugnisse wird von den königlichen Beamten eingezogen, verwaltet und wieder an Soldaten, Beamte, Arbeiter und Bedürftige verteilt.

Fast alle Baumaßnahmen werden staatlich organisiert und die meisten Kunstgegenstände entweder vom Pharao oder den Tempeln in Auftrag gegeben.

? Schon gewusst?

Haushaltslisten mit Namen und Nummern lassen vermuten, dass bereits jeder Ägypter eine Steuernummer gehabt haben könnte.

Diese zentralistische Ordnung ist im Bewusstsein sehr stark verwurzelt. Jeder Verwaltungsakt wird nicht nur schriftlich festgehalten, sondern kann auch Gegenstand der Kunst sein. Es gibt wohl kein anderes Volk, das bürokratische Maßnahmen wie das Zählen von Gänsen oder das Eintreiben der Steuern in Gemälden und Reliefs festhält. Schreiber, d. h. Verwaltungsbeamter, gilt als der angesehenste Beruf.

Obwohl eine solche Verwaltung ohne Schrift gar nicht denkbar ist, sind die **Hieroglyphen** (griechisch: Hieros = heilig, Glyphen = Zeichen), die um 3000 v. Chr. aufkommen, zunächst Bestandteil des religiösen Kultes. Vermutlich entwickeln sie sich aus magischen Bildzeichen.

Für den täglichen Gebrauch werden die komplizierten Zeichen um 1500 v. Chr. stark abstrahiert und vereinfacht. Diese Schrift wird als **heratisch** bezeichnet. Um 700 v. Chr. entwickelt sich mit dem **Demiotischen** sogar noch eine zweite Gebrauchsschrift.

Geschrieben wird mit Tusche auf Papyrus, was viel unkomplizierter ist, als die Bearbeitung von Tontafeln in Mesopotamien. Andererseits bleiben auch weniger Schriftstücke erhalten.

Gesellschaftsordnung und Alltag

Die ägyptische Gesellschaft ist ganz auf den Herrscher zugeschnitten. Die Oberschicht besteht aus den Spitzen von Verwaltung und Militär. Großgrundbesitz kann nicht entstehen, da das Erbe auf alle Kinder verteilt werden muss und zudem der Totenkult für den Verstorbenen zu finanzieren ist.

Den größten Machtfaktor stellt die Priesterschaft der bedeutenden Tempel dar. Sklaven gibt es bis auf einige Kriegsgefangene

Brotherstellung in Ägypten (2500–2400 v. Chr.)

nicht, aber die Landbevölkerung hat vermutlich kaum mehr Freiheiten.
Zur Mittelschicht gehört ein angesehener Handwerkerstand. Die Ägypter sind Meister in der Goldverarbeitung und produzieren die feinsten Leinenstoffe der damaligen Welt. Auch ihre Brotkultur übertrifft die der anderen Länder. In der Regel wird ein Beruf vom Vater auf den Sohn vererbt. Wer Schreiber werden will, muss eine 12jährige Ausbildung absolvieren. Frauen sind in der Regel nur in den ärmeren Schichten berufstätig, z. B. als Dienerinnen, Feldarbeiterinnen, in der Bäckerei, Brauerei oder Textilherstellung. Es gibt aber vereinzelt Schreiberinnen, Richterinnen oder Ärztinnen.
Wie in Mesopotamien sind Frauen erbberechtigt und dürfen Geschäfte führen. Geheiratet wird sehr früh. Die Frauen sind oft erst 12 oder 13 Jahre alt, aber auch manche Männer erst 15. Wichtig ist ein Vertrag, der Vermögensverhältnisse und Modalitäten für die Scheidung regelt. Auch die Ägypter haben in der Regel nur eine Hauptfrau. Nebenfrauen sind aber gestattet.
In keiner anderen orientalischen Kultur werden Frauen so gerne in der Kunst dargestellt und in der Literatur gefeiert wie in der ägyptischen. Glückliche, gleichberechtigt wirkende Paare sind ein beliebtes Motiv.
Herodot bezeichnet die Ägypter als das reinlichste Volk der Antike, das stets frischgewaschene Leinenkleidung trägt. Abbildungen zeigen hauchdünne Kleider und Lendenschurze bei den Männern, die in Kontrast zu aufwändigen Perücken, kostbarem Schmuck und viel Schminke stehen. Besonders die dunkle Umrandung der Augen, die ab Mitte des 3. Jt. v. Chr. in geraden Strichen bis zu den Ohren verlängert wird, ist typisch für Ägypten. Vermutlich hat aber auch der reichliche Gebrauch von Salbölen und Schminke hygienische Gründe. Er soll den Körper vor Sand, Insekten und der starken Sonneneinstrahlung schützen.
Auch beim Hausbau wird das Klima berücksichtigt. Ägyptische Häuser sind aus Nilschlammziegeln gebaut, haben kaum Fenster, um die Hitze draußen zu halten, aber immer einen Dachgarten, wo man im kühlen Abendwind sitzen und bei extremer Hitze auch schlafen kann.

Das Alte Reich

Aus dem Alten Reich gibt es wenige gesicherte Daten. Während der Regierungszeit der 3. und 4. Dynastie müssen aber sehr stabile Verhältnisse geherrscht haben, sonst wären die gewaltigen Pyramidenbauten nicht möglich gewe-

Mit Holzschnitzerei verzierte Rückenlehne

! Das Goldland

Ein wichtiger Handelspartner für Ägypten ist das Land Kusch in Nubien, weil von dort das wichtige Gold und später auch Eisenerze bezogen werden. In der frühen Geschichte ist Kusch meist tributpflichtige Provinz. In ägyptischen Schriften werden die Kuschiten wie alle Ausländer sehr verächtlich beschrieben. Im 11. Jh. v. Chr. entsteht jedoch ein unabhängiges Königreich, das sogar Ägypten erobern kann und einige Pharaonen stellt. Angelehnt an die ägyptische Kultur errichten die Könige von Kusch große Palastanlagen, Tempel und Pyramiden. Sie haben auch eine eigene Schrift, die jedoch noch nicht entziffert werden konnte.

sen. Belegt ist außerdem, dass die Könige bereits einen regen Handel treiben. Sie importieren Zedernholz aus Phönizien, Gold und Edelsteine aus **Kusch** (Nubien), Weihrauch und Gewürze aus **Punt** (wohl Somalia) sowie Kupfer und Türkise aus dem Sinai. Allerdings ist nicht sicher, ob manche Handelsexpedition in Wahrheit nicht mehr ein Raubzug ist. König **Snofru** (reg. um 2650 v. Chr., 4. Dynastie) rühmt sich jedenfalls, 200.000 Stück Vieh und 7000 Gefangene in Kusch und 131.000 Stück Vieh und 11.000 Gefangene in Libyen erbeutet zu haben.

In der 5. Dynastie (um 2500–2350 v. Chr.) setzt ein Wandel ein. Während **Cheops** (reg. um 2638–2613 v. Chr., 4. Dynastie) noch alle Opfer verbieten ließ, die nicht an den Pharao gerichtet sind, blühen plötzlich religiöse Kulte um Re, Maat und Osiris auf. Die Könige gelten nun nicht mehr als Verkörperung des Gottes Horus, sondern nur noch als Söhne des Reichsgottes Re, was ihrem Ansehen offenbar schadet. Die Pyramiden werden sehr viel kleiner und weniger sorgfältig gebaut, dafür lässt jeder Herrscher dem Re einen prächtigen Tempel errichten.

Außerdem bricht Ende des 3. Jt. v. Chr. der Handel mit den phönizischen Städten ein, die sich mehr und mehr nach Mesopotamien orientieren. Der Mangel an Zedernholz und -öl macht sich im Totenkult jedoch empfindlich bemerkbar und unterhöhlt das Ansehen der Herrscher zusätzlich. Dafür steigt die Macht der Priester, und der Adel beginnt, Land, das er vom König als Lehen erhalten hat, als Privatbesitz zu betrachten. In der 6. Dynastie (um 2350–2180 v. Chr.) scheinen die Herrscher zu versuchen, mit Eroberungen auf dem Sinai und in Südpalästina von innenpolitischen Schwierigkeiten abzulenken, doch das Reich zerfällt trotzdem in einzelne unabhängige Lokalfürstentümer.

? Schon gewusst?

Die Hauptstadt des Alten Reiches hat ihren Namen von Pharao Pepi I. (reg. um 2395–2360 v. Chr.). Er baut sich dort einen Totenkomplex mit einer 54 Meter hohen Pyramide, sechs Königinnenpyramiden und vielen Tempeln, der den Namen Mennefer Pepi (Bleibend und vollkommen ist Pepi) bekommt, was zu Memphis verballhornt wird.

Die Pyramiden

Der Vorläufer der Pyramiden ist die **Mastaba**. Sie ist ein massiver Bau aus Nilschlammziegeln über einer unterirdischen Grabkammer. Die Wände sind leicht abgeschrägt. Im Inneren befinden sich mehrere Kammern, in denen Statuen des Toten aufgestellt und Speiseopfer dargebracht werden. Schon König Menes lässt sich zu Beginn des 3. Jt. v. Chr. eine Mastaba von imponierender Größe bei Sakkara errichten. Eine zweite baut er in Oberägypten, da er wohl glaubte, nach dem Tod in beiden Reichsteilen präsent sein zu müssen. Ähnlich halten es seine Nachfolger, die sich beeindruckende Bauten erstellen ließen.

Den ersten Steinbau lässt König Djoser errichten. Seine 63 Meter hohe Stufenpyramide bei Sakkara ist im Grunde eine mehrmals aufgestockte Mastaba. Sie ist von einem ausgedehnten Gebäudekomplex umgeben, der vermutlich Djosers Palast darstellt, den er nach seinem Tod nicht entbehren wollte. Allerdings sind viele Ge-

? Schon gewusst?

Noch berühmter als Djoser ist sein Kanzler **Imhotep**, der Baumeister von Sakkara. Er gilt als Erfinder des Steinbaus. Sein Name ist auf dem Sockel einer Statue im Eingangsbereich der Pyramide eingraviert. Er scheint auch Arzt und Dichter gewesen zu sein. 2000 Jahre nach seinem Tod wird er als Sohn des Ptah verehrt.

bäude nur Attrappen, die mit Schutt gefüllt sind.
Während der 4. Dynastie werden aus den Stufenpyramiden allmählich echte Pyramiden mit glatten Seitenwänden. Die erste ist die des Königs Snofru in Medum, die größte die seines Sohnes Cheops in Giseh.
Wie es gelingt, diese riesigen Bauwerke zu errichten, ist bis heute

Pyramiden von Giseh

nicht ganz klar. Vermutlich werden die Steinblöcke mit einem Schlitten eine lange, flache Rampe heraufgezogen. Diese Rampe wird mit jeder neuen Steinschicht erhöht. Damit der Neigungswinkel von etwa 20 Grad erhalten bleibt, muss sie aber auch verlängert werden. Die Oberfläche ist wohl mit Rundhölzern bedeckt, die ständig gewässert werden, damit die Schlitten mit der schweren Fracht leichter gleiten.
Herodot behauptet, es hätten 100.000 Menschen an einer Pyramide gearbeitet. Heute geht man eher von 4000 ausgebildeten Handwerkern und einigen Tausend Bauern aus. Dazu kommen allerdings noch Tausende von Hauern in den Steinbrüchen und die Besatzung der Lastkähne für den Transport.
Vor allem aber ist die Präzision der Bauwerke verblüffend. Die Cheopspyramide bildet ein fast vollkommenes Quadrat. Nord- und Südseite unterscheiden sich lediglich um 20 Zentimeter. Zwischen die Fugen der Steine passt nicht einmal eine Postkarte. Dabei stehen den Handwerkern zum Bearbeiten nur Werkzeuge aus hartem Stein zur Verfügung.

Cheopspyramide

Schon gewusst?

Die Cheopspyramide ist das älteste der **Sieben Weltwunder** und das einzige, das noch erhalten ist. Sie ist 146 Meter hoch, hat eine Grundfläche von 230 mal 230 Metern und wiegt fast 6,5 Millionen Tonnen. Für ihren Bau müssen jeden Tag 300 Steine à 2,5 Tonnen gebrochen, transportiert und verbaut werden. Ursprünglich hat sie noch einen Überzug aus polierten, weißen Kalksteinplatten, der sie nach den Berichten antiker Augenzeugen im Mondlicht wie einen von innen beleuchteten Kristall glänzen lässt. Die beiden anderen Pyramiden in Giseh sind von **Chephren** (reg. um 2603–2578 v. Chr.) und **Mykerinos** (reg. um 2578–2553 v. Chr.) gebaut.

Kunst und Kultur

Im Alten Reich Ägyptens dient alle Kunst dem Totenkult. Wichtig sind Macht, Ordnung und Magie. Die Bauten und Skulpturen sollen durch ihre schiere Größe die Macht des Pharaos und damit seines ganzen Landes ausdrücken. Alle Pharaonenbilder wirken streng und steif.

Die typisch ägyptischen Reliefs, auf denen Menschen und Tiere wie aufgereiht wirken, stellen „Maat" dar, die göttliche Ordnung der Dinge. Dieser Ordnung entsprechend wird der Pharao auch stets viel größer als seine Untergebenen dargestellt.

Schon gewusst?

Frauen werden in der ägyptischen Kunst immer mit blasser, Männer mit rotbrauner Haut dargestellt.

Die Bilder, aber noch mehr die Inschriften sollen eine magische Wirkung entfalten. Sie befinden sich oft in unzugänglichen Räumen, wo niemand sie zu sehen bekommt. Wichtig ist schließlich nicht, wie sie aussehen, sondern dass sie wirken.

Nach Cheops beginnen die Herrscher jedoch, nicht nur auf die Größe ihrer Grabmäler zu achten, sondern auch auf die Ausstattung. Chephren lässt 17 überlebensgroße Statuen von sich selbst im Inneren seiner Pyramide aufstellen, Mykerinos legt besonderen Wert auf die Gestaltung des Talktempels, wo sein Leichnam einbalsamiert werden wird. Unas (reg. um 2428–2407 v. Chr.) lässt als erster die Wände seiner Grabkammer mit Totensprüchen bemalen.

Einen Eindruck von den wertvollen Grabbeigaben, die auch schon die Könige des Alten Reiches erhalten, vermittelt einzig die Grabkammer der Königin Hetephere,

Einbalsamierung (Zeichnung aus dem Buch der Toten, 13. Jh. v. Chr.)

der Mutter des Cheops. Die eleganten Möbelstücke, die sie mit ins Jenseits nimmt, könnten auch heute noch in einem Designerladen stehen.
Einen individuellen Stil gibt es in Ägypten jedoch kaum. Statt Künstlern arbeiten geschickte Kunsthandwerker, die das umsetzen, was die Herrscher wünschen.

Die erste Zwischenzeit

Über die anarchische Zeit nach dem Zerfall des ersten Reiches liegen wenige gesicherte Daten vor. Die Regierungslisten nennen für die 7. Dynastie 70 Könige mit je 70 Regierungstagen, was natürlich mehr Symbol für das Chaos als ernst zu nehmende Überlieferung ist. Viel anschaulicher ist dagegen die Literatur der Zeit. Während es im Alten Reich praktisch nur religiöse Totensprüche gab,

! Das Geheimnis der Sphinx

Sphinx von Giseh

Die Pyramide des Chephren in Giseh wird von einem geheimnisvollen Wesen bewacht, das 73 Meter lang und 20 Meter hoch ist. Es hat den Körper eines ruhenden Löwen und ein menschliches Gesicht, wohl das des Pharao. Es blickt nach Osten der aufgehenden Sonne entgegen. Vermutlich steht es für den Sonnengott Re, aber letztendlich gelöst ist das Rätsel der Sphinx noch nicht. Jedenfalls ist sie bei den Ägyptern männlich, erst bei den Hethitern und Griechen mutiert sie zu einem weiblichen Wesen.

entsteht nun eine literarisch und philosophisch hochklassige, aber durchweg pessimistische Literatur. Zu den Meisterwerken gehören das *Gespräch eines Lebensmüden mit seiner Seele* und das Dialogwerk *Mahnworte des Weisen Ipuwer*. Beide schildern die große materielle Not und die katastrophalen gesellschaftlichen Verhältnisse. Außerdem werden die vielen Grabplünderungen beklagt. Besonders schockierend findet man es, dass die Räuber auch die Körper der Toten aus ihren Behausungen reißen und den wilden Tieren überlassen. Sowohl der „Lebensmüde" als auch „Ipuwer" stellen deshalb die Vollkommenheit der Schöpfung in Frage. Der „Lebensmüde" überlegt sogar, ob er sich verbrennen und damit seine Existenz vollständig und für immer – auch im Jenseits – vernichten soll.

! Auferstehung für alle

In der ersten Zwischenzeit kommt die Vorstellung auf, dass alle Menschen, nicht nur der Pharao, im Jenseits weiterleben. Deshalb beginnen auch einfache Leute, Totensprüche auf ihre Särge zu schreiben und ihre Grabkammern mit Dingen auszumalen, die sie im Totenreich nicht missen möchten.

Das Mittlere Reich

Als 9. und 10. Dynastie werden in der ägyptischen Geschichte Fürsten aus dem oberägyptischen Herakleopolis bezeichnet, die versuchen, die Einheit des Reiches wieder herzustellen, aber scheitern. Erst der thebanische Fürst Mentuhotep II., der 4. Herrscher der 11. Dynastie, kann das Reich einigen. Er zwingt den Adel, die usurpierten Lehen herauszugeben und die königliche Oberhoheit anzuerkennen. Steuersystem und Militär werden reformiert. Theben wird neue Hauptstadt des Reiches und ihr Stadtgott Amun mit Re vereinigt.

Die größte Macht hat das Mittlere Reich unter den ersten Pharaonen der 12. Dynastie. **Amenemhet I.** (reg. um 1991–1962 v. Chr.) und sein Sohn **Sesostris I.** (reg. um 1962–1928 v. Chr.) beginnen eine expansive Außenpolitik, die dem Land wertvolle Rohstoffe sichern soll, vor allem das Gold aus Kusch. Außerdem sollen die eroberten Gebiete ein Bollwerk gegen die Invasion von Beduinen aus Libyen und dem Nahen Osten bilden. Amenemhet lässt deshalb die Grenze auf dem Sinai befestigen.

Unter Sesostris hat Ägypten wieder die Stabilität wie im Alten Reich. Die Verwaltung ist reformiert, der Zentralismus wieder gestärkt, die lückenlose Erfassung der Steuern gesichert. Das königliche Schatzamt besitzt sogar eine eigene Flotte.

Amenemhet II. (reg. um 1900 v. Chr.) intensiviert den Handel mit den phönizischen Städten, aber auch mit Kleinasien und Kreta. **Sesostris III.** (reg. um 1878–1843 v. Chr.) entmachtet endgültig die Gaufürsten. **Amenemhet III.** (reg. um 1843–1797 v. Chr.) macht die Oase von Fajûm landwirtschaftlich nutzbar. Unter seinem Nachfolger setzt wieder ein Verfall der Macht ein, der zu einer Aufsplitterung in kleine Fürstentümer führt. Um 1645 v. Chr. übernehmen die **Hyksos** als 15. Dynastie die Macht. Sie passen sich jedoch weitgehend der ägyptischen Kultur an und lassen den bewährten Verwaltungsapparat einfach weiterarbeiten.

! Die Hyksos

Zu Beginn des 2. Jt. v. Chr. führt eine Wanderbewegung indogermanischer Völker von Südrussland nach Europa dazu, dass auch die Nomadenstämme in Syrien und Palästina in Bewegung kommen und ab dem 18. Jh. v. Chr. nach Ägypten einwandern. Als „Hyksos“ (Herrscher eines fremden Hügellandes) bezeichnen die Ägypter die Oberschicht der Neuankömmlinge. Die Nomaden bringen das Pferd, den Streitwagen und neue Waffen wie den starken asiatischen Bogen nach Ägypten. Außerdem verbessern sie die Bronzeherstellung, die Töpferscheibe und den Webstuhl und führen neue Obst- und Gemüsesorten ein.

Kunst und Kultur

Antike Reisende berichten, die Bauwerke des Mittleren Reiches seien genauso prächtig wie die des Alten. Anscheinend hat man aber weniger dauerhafte Materialien benutzt, denn es ist kaum etwas davon übrig geblieben.

Erhalten geblieben sind aus dem Mittleren Reich vor allem kleinere Kunstwerke. Denn Kunst ist jetzt nicht mehr allein Sache des Pharaos. Auch normale Leute lassen ihre Gräber mit Alltagsszenen ausmalen und nehmen Kunstschätze mit ins Jenseits. Besonders beliebt sind kleine Skarabäen. Sie gelten als Symbol der Schöpferkraft und sollen Glück bringen. Denn der

Skarabäus

Beeindruckender als die Pyramiden

Besonders schwärmt Herodot von einem Labyrinth, das Amenemhet III. zusammen mit einer Grabpyramide in Hawara errichtet hat. „Schon die Pyramiden sind ungeheuer“, schreibt der griechische Historiker, „und jede von ihnen wiegt viele große Werke der Hellenen auf; aber das Labyrinth übertrifft noch die Pyramiden“. Es soll zwölf überdachte Höfe und 3000 Kammern haben, die Hälfte unterirdisch. Diese habe er jedoch nicht besichtigen dürfen, da sich dort die Särge von Königen sowie die Heiligen Krokodile befänden. Die oberirdischen Räume mit ihren weißen Steinwänden aber seien voller unzähliger Schönheiten wie Reliefs und buntestem Schmuck.

Skarabäuskäfer legt seine Eier in Mistkugeln ab, was zu dem Glauben führt, er entstehe nicht durch natürliche Vermehrung, sondern forme sich aus eigener Kraft. Im Mittleren Reich sind die Tierchen aus Gold, Silber und glasiertem Terrakotta.

Doch Kunst muss nicht mehr zwingend dem Jenseits dienen. Im Mittleren Reich erlebt vor allem die ägyptische Literatur ihre Blütezeit. Neben Hymnen an die Götter und mythologischen Erzählungen gibt es auch weltliche Belletristik. Sehr beliebt ist z. B. die Geschichte von einem Bauern, der so beredt die Rückgabe seines beschlagnahmten Esels fordert, dass ihn die Soldaten für einige Zeit in Haft nehmen, nur um sich an seiner Redegewandtheit zu erfreuen. Eine andere herausragende Erzählung ist die *Geschichte des Sinuhe* (um 1800 v. Chr.). Sinuhe ist Beamter im Harem von Amenemhet I. und flieht nach dessen Ermordung nach Syrien. Dort wird er ein reicher, angesehener Mann, doch ihn plagt das Heimweh. Unter Sesostris I. kehrt er nach Ägypten zurück. Das Werk, das in der Ich-Form geschrieben wurde, preist die ägyptische Kunst und Kultur. Auch in anderen literarischen Werken spielt der Mord an Amenemhet I. eine Rolle.

Neben der Belletristik werden auch viele wissenschaftliche Werke erstellt, z. B. medizinische Abhandlungen, die den herausragenden Ruf der ägyptischen Ärzte in der Antike untermauern.

Auch die Skulpturen sind viel lebendiger als im Alten Reich. Die Pharaonen präsentieren sich als Individuen, nicht nur als Repräsentanten einer Macht. Überhaupt wird die Kunst lebensnäher, farbiger und vielfältiger. Auch Einflüsse aus dem Ausland, z. B. aus Kreta, lassen sich nachweisen.

Das Neue Reich

Wieder ist es ein thebanischer Fürst, Amosis I., der die Hyksos um 1540 v. Chr. in mehreren Schlachten entmachtet und die ägyptische Einheit wieder herstellen kann. Er übernimmt die militärischen Neuerungen der Hyksos und stellt ein Berufsheer auf, das seine Nachfolger für eine Expansionspolitik nutzen, wie sie Ägypten vorher noch nicht betrieben hat. Sie unterwerfen Kusch und dehnen die Südgrenze bis zum 4. Nilkatarakt im heutigen Sudan aus. **Thutmosis I.** (reg. um 1524–1518 v. Chr.) zieht unter dem Vorwand der Elefantenjagd in den Nahen Osten und unterwirft Syrien und Palästina.

Eine 20jährige Zeit des Friedens und Wohlstandes dagegen erlebt Ägypten unter Thutmosis' Tochter **Hatschepsut** (reg. um 1490– 1468 v. Chr.). Eigentlich ist sie nach dem Tod ihres Mannes und Halbbruders Thutmosis II. (reg. um 1493–1490 v. Chr.) nur Regentin für ihren Stiefsohn, lässt sich aber nach zwei Jahren selbst krönen. Unter anderem nimmt sie die Handelsexpeditionen nach Punt wieder auf.

Nach ihrem Tod werden viele Bilder, die sie als Pharao zeigen, zerstört. Manche folgern daraus, **Thutmosis III.** (reg. um 1490–1436 v. Chr.) habe seine Stiefmutter umbringen lassen. Beweise dafür gibt es jedoch nicht.

? Schon gewusst?

Hatschepsut ist nicht die erste Herrscherin Ägyptens. Im Alten Reich regiert Nitokris am Ende der 6. Dynastie (um 2184–2181 v. Chr.) und im Mittleren Reich Nefru-Sobek am Ende der 12. Dynastie (um 1790–1785 v. Chr.). Doch Hatschepsut ist die erste Königin, die eigene Denkmäler hinterlässt. Außerdem hebt sie sich durch ihre lange Regierungszeit und ihre politische Leistung von ihren Vorgängerinnen ab.

Thutmosis III. führt insgesamt 16 Feldzüge und dehnt die ägyptische Herrschaft bis an den Euphrat aus. Die Söhne der unterworfenen Fürsten lässt er in Theben erziehen und dann – geprägt von der ägyptischen Kultur und als loyale Vasallen – in ihre Heimat zurückkehren. So kann er seine Regierung mit zwölf Friedensjahren und einer Verwaltungsreform beenden.

Unter **Amenophis III.** (reg. um 1386–1349 v. Chr.) herrscht ein stabiles Gleichgewicht zwischen Ägypten, dem Reich der Hethiter, Mitanni und Babylon. Der Pharao fördert den Handel, kauft mit nubischem Gold Fürstentöchter aller Reiche für seinen Harem und entfaltet eine grandiose Bautätigkeit. Sein Sohn Amenophis IV. beschert

Aus der Geschichte gelernt

Beim Feldzug des Thutmosis III. gegen Syrien und Palästina sind die Heere am Ende nur noch durch den Karmel getrennt. Die Feinde erwarten Thutmosis auf der Straße von Osten, da diese weniger leicht einzusehen ist, als die von Norden. Der Pharao aber wählt eine dritte Möglichkeit, überquert das Gebirge auf einem schmalen Pass und steht plötzlich im Rücken der Feinde. 1917 besiegt der britische Feldmarschall Lord Edmund Allenby an gleicher Stelle und mit dem gleichen Trick die Türken. Hinterher bedankt er sich dafür bei James Henry Breasted, dem Autor des Buches *Geschichte Ägyptens*.

Ägypten als **Echnaton** (reg. um 1350–1334 v. Chr.) eine kulturelle Revolution. Der neue Pharao entmachtet die Priester des alten Reichsgottes Amun-Re, lässt alle Darstellungen und Inschriften des Gottes vernichten, erhebt die Sonnenscheibe Aton zum alleinigen neuen Gott, baut eine neue Hauptstadt, führt einen surrealistischen Stil in der Kunst ein und macht die gesprochene Sprache zur neuen Literatursprache.

Abgesehen davon scheint Echnaton den neuen Kult zusammen mit seiner Frau **Nofretete** als Fa-

Echnaton

milienangelegenheit zu zelebrieren, in den das Volk kaum einbezogen ist. So geht nach seinem Tod die Rückkehr zum alten Glauben auch ohne größere Erschütterungen ab.

Schon gewusst?

Während sich in anderen Reichen ganze Familien im Kampf um die Thronfolge niedermetzeln, glücken in Ägypten Übergänge von einer Dynastie auf die andere meist ohne Schwierigkeiten. In der Regel wählen die Pharaonen ihren Nachfolger noch zu Lebzeiten aus und machen ihn oft zum Mitregenten. Wenn möglich, verheiraten sie ihn auch mit einer ihrer Töchter.

Nach der Echnaton-Zeit wird die Rolle des Militärs immer wichtiger. Generäle wie Haremhab (reg. um 1321–1293 v. Chr.) oder Ramses I. (reg. um 1293–1291 v. Chr.) kommen auf den Thron. Da

Pharao Haremhab

der „Ketzerkönig" die Außenpolitik vernachlässigte, versuchen sie mit großem Aufwand den geschwundenen Einfluss Ägyptens

Ramses II.

im Nahen Osten wieder herzustellen.

Ramses II. (reg. um 1279–1212) behauptet, 1274 v. Chr. bei Kadesch einen glänzenden Sieg über die Hethiter errungen zu haben. Inzwischen hat man die hethitische Quelle über die Schlacht gefunden und weiß, dass das Ergebnis bestenfalls „unentschieden" lautet und dies auch nur deshalb, weil die Hethiter kein Interesse haben, ihre militärische Überlegenheit auszuspielen. **Ramses III.** (reg. um 1182–1151 v. Chr.) kann Ägypten mit großer Mühe gegen den Angriff der „Seevölker" verteidigen.

Die militärischen Anstrengungen und dazu die großen Bauprojekte, vor allem von Ramses II. und Ramses III., ruinieren den Staat. Die Schere zwischen Arm und Reich öffnet sich immer weiter. Die Landverteilung ist extrem ungerecht. Große Teile der Bevölkerung hungern sogar. Ramses III. wird von Palastbeamten ermordet, die darauf vertrauen, dass die Bevölkerung jedem folgt, der ihnen größere Getreidelieferungen verspricht. Danach verfällt die Macht der Pharaonen rapide zugunsten der Priester. **Ramses XI.** (reg. um 1099–1070 v. Chr.) ist nur noch ein Schattenkönig. Die wahre Macht hat ein General in Händen, der gleichzeitig Oberpriester in Theben ist und eine Militärdiktatur errichtet.

Ägypten und der Krieg

Ägypten ist keine Kriegsmacht. Alle Feldzüge der früheren Geschichte richten sich gegen viel schwächere Gegner wie Nomadenstämme oder die Kuschiten. Erst im Neuen Reich wird das Militär wichtig – und kann mit den Heeren der anderen Großmächte nur schwer mithalten. Dafür zeichnen sich die Pharaonen auch selten durch besondere Grausamkeit aus. Eine Ausnahme bilden Amenophis II. (reg. um 1453–1419 v. Chr.) und Merenphtah (reg. um 1212–1202 v. Chr.), der gefangene Libyer pfählen lässt.

Kunst und Kultur

Das kulturelle Zentrum des Neuen Reichs ist Theben. Generationen von Pharaonen bauen am Amun-Tempel von **Karnak** (1550–1100 v. Chr.), der mit einer Grundfläche von 1500 x 800 Meter der größte Ägyptens ist. Der heilige Bezirk ist durch hohe Mauern und monumentale Torgebäude von der profanen Welt abgetrennt. Rund um den Tempel entsteht eine drei Quadratkilometer große Stadt, die von einem Oberpriester geleitet wird, der in der Spätzeit mächtiger als der König wird.

Drei Kilometer weiter, in **Luxor**, lässt Amenophis III. einen weiteren Tempel bauen, den so genannten „Harem des Amun“, der durch eine Sphinx-Allee mit Karnak verbunden ist. Zu religiösen Feierlichkeiten wird eine Statue des Amun in einer feierlichen Prozession von Karnak nach Luxor getragen.

Gegenüber am Westufer des Nils, liegt das **Tal der Könige**. Der ers-

Tempel von Karnak

Tutenchamun (Grabrelief)

te Herrscher, der sein Grab tief im Felsen anlegen lässt, um es vor Plünderungen zu schützen, ist **Amenophis I.** (reg. um 1551–1524 v. Chr.). Nach ihm lassen sich 34 ägyptische Herrscher im Tal der Könige begraben, doch nur das Grab des jungen **Tutenchamun** (reg. um 1352–1325 v. Chr.), das in einer abseits gelegenen Seitenkammer untergebracht wird, bleibt unentdeckt.

Am Eingang des Tales entsteht eine riesige Totenstadt, in deren Tempeln den verstorbenen Herrschern die täglichen Opfer darge-

! Das große Schatz des kleinen Pharao

Totenmaske Tutenchamuns

1922 entdeckt der britische Archäologie Howard Carter (1873–1939) mit dem Grab des Tutenchamun den größten Schatz, der je an einem Ort gefunden wurde. Er besteht aus über 500 kostbaren Gegenständen, darunter die berühmten, elf Kilogramm schwere Totenmaske aus getriebenem Gold. Doch vermutlich ist das Grab nicht prächtiger als das anderer Könige ausgestattet. Tutenchamun ist ein unbedeutender Herrscher, der ganz plötzlich stirbt. Mehrere Indizien weisen darauf hin, dass seine Ausstattung für das Jenseits unter Zeitdruck angefertigt wird.

bracht werden. Vom Tempel des Amenophis III. sind nur zwei Sitzfiguren des Herrschers übrig geblieben. Die so genannten **Memmonskolosse** sind über 20 Meter hoch und damit die größten

Abu Simbel (Detailansicht)

Skulpturen Ägyptens. Nicht viel kleiner sind die vier Sitzstatuen von Ramses II., die die Fassade des großen Felsentempels von **Abu Simbel** schmücken. Ganz in der Nähe des Tals der Könige liegt bei **Dair al-Bahri** der Totentempel der Hatschepsut, eine imposante Anlage mit drei Terrassen. Im Inneren lässt die Königin 200 Statuen von sich aufstellen und auf den Wandmalereien ihre angeblich göttliche Abstammung und damit ihren Anspruch auf die Krone darstellen.

Neben dieser monumentalen Architektur gibt es im Neuen Reich eine verspielte und sehr luxuriöse

? Schon gewusst?

1156 v. Chr. findet der erste bekannte Streik der Geschichte statt. Die Arbeiter in der Totenstadt von Ramses III. legen die Arbeit nieder, weil ihre Entlohnung schon seit zwei Monaten ausgeblieben ist. „Wir sind hierher gekommen vor Hunger und Durst, wir haben keine Kleider, wir haben keine Salben, wir haben keine Fische, wir haben kein Kraut", beklagen sie sich.

! Der Stil des Ketzers

Echnaton

Als **Amarnastil** wird der teilweise sogar schon grotesk naturalistische Kunststil bezeichnet, der während der Regierungszeit des Echnaton aufkommt. Der Pharao wird als schmächtiger, krummer Mann mit ausladendem Hinterkopf und hängender Unterlippe dargestellt. Auch die sechs Töchter des Königspaares haben oft dünne Körperchen und extrem wulstige Hinterköpfe. Umso mehr hebt sich dagegen die berühmte Büste der schönen Königin Nofretete ab.

Gebrauchskunst. Die Gemälde zeigen heitere Festmähler mit schönen, jugendlichen Menschen. Die Frauen tragen fast durchsichtige, plissierte Gewänder, die Tänzerinnen nur Schmuck. Dieser Schmuck, aber auch Glasarbeiten und Fayencen, werden immer raffinierter und kostbarer.

Die Zeit des Niedergangs

Nach dem Tod Ramses' XI. regieren teilweise verschiedene Dynastien nebeneinander, die meisten Fürsten aus den Städten des Nildeltas wie Tanis oder Sais. Oft scheinen die Vertreter der offiziellen Dynastien kaum mächtiger als drei oder vier andere Lokalfürsten, die zur gleichen Zeit regieren und teilweise Bürgerkrieg

Theben: Teil des Ramsestempels

gegeneinander führen. In Theben besteht unterdessen die „Gottesstaat" genannte Militärdiktatur fort.

Während dieser Wirren entsteht in Kusch ein eigenständiges Königreich mit ägyptischer Kultur. Um 715 v. Chr. erobert der kuschitische Pharao **Pianchi** (reg. um 747–716 v. Chr.) ganz Ägypten, teilweise fast kampflos. Dabei kommt ihm die extreme Zersplitterung zugute. Außerdem opfert Pianchi nach seinen Siegen immer sofort den lokalen Göttern, organisiert den Wideraufbau der Tempel und trägt Sorge, dass die Kulte aufrechterhalten bleiben. Sein Bruder **Schabaka** (reg. um 716–702 v. Chr.) beschert Ägypten einige friedliche Jahre und schafft es zunächst, sich mit den Assyrern, den neuen Machthabern im Nahen Osten, zu arrangieren. 671 v. Chr. jedoch besiegt Asarhaddon Pianchis Sohn **Taharqa** (reg. 690–664 v. Chr.) und rühmt sich, ein gewaltiges Blutbad angerichtet zu haben. Nach dem Abzug der Assyrer kann Taharqa seine Macht noch einmal erneuern, wird aber 664 v. Chr. von Asarhaddons Sohn Assurbanipal endgültig besiegt und muss nach Kusch fliehen.

Gleichzeitig rebellieren die Fürsten des Deltas gegen die Assyrer. Assurbanipal lässt die Rädelsführer hinrichten, verschont aber den Fürsten von Sais und macht dessen Sohn **Psammetich I.** (reg. um 664–610 v. Chr.) zum neuen Pharao. Die Saiten können zehn Jahre später die Assyrer aus Ägypten vertreiben und bauen von Memphis aus noch einmal eine zentrale Herrschaft auf. Dabei

Chronologie des Chaos

21. Dynastie (1069–945 v. Chr.):	Priesterdynastie aus Tanis, wohl über eine Tochter Ramses' XI. legitimiert
22. Dynastie (945–722 v. Chr.):	Libysche Fürsten aus Bubastis
23. Dynastie (808–715 v. Chr.):	Zweig der 22. Dynastie
24. Dynastie (727–711 v. Chr.):	Libyscher Fürst aus Sais
25. Dynastie (716–656 v. Chr.):	Könige von Kusch
26. Dynastie (664–525 v. Chr.):	Fürsten aus Sais, von Assyrien eingesetzt
27. Dynastie (525–404 v. Chr.):	Persische Könige
28. Dynastie (404–399 v. Chr.):	Fürst aus Sais
29. Dynastie (399–380 v. Chr.):	Familie aus Mendes
30. Dynastie (380–343 v. Chr.):	Familie aus Sebennytos
31. Dynastie (343–333 v. Chr.):	Persische Könige

kommt es zu einer sehr starken Rückbesinnung auf das Alte und Mittlere Reich. Teilweise werden uralte Amtsbezeichnungen, Haartrachten, Kleider und Kunststile wieder eingeführt. Obwohl die Herrschaft nur mit Hilfe griechischer Söldner aufrechterhalten werden kann, kapselt man sich von allen „unreinen" Fremden ab. In der Religion kommt es zur extremen Verehrung heiliger Tiere, die die Ägypter später in den Augen der Griechen und Römer lächerlich macht.

525 v. Chr. machen die Perserkönige dieser ägyptischen Renaissance ein Ende. Die so genannten Herrscher der 28. bis 30. Dynastie sind lediglich unterägyptische Lokalfürsten, die sich gegenseitig befehden, bis 343 v. Chr. erneut die Perser einmarschieren.

Das Reich der Ptolemäer

Im Jahr 332 v. Chr. wird Alexander d. Gr. in Ägypten mit offenen Armen empfangen. Er opfert den Göttern, veranstaltet prachtvolle, öffentliche Spiele und gründet die Stadt Alexandria. Danach zieht er weiter und lässt nur eine Verwaltung zurück. In der Literatur wird er als Sohn des Amun dargestellt. Nach seinem Tod fällt das Land an einen seiner Generäle.

Ptolemäus I. (reg. 367–238 v. Chr.) erobert Zypern und die libysche Küstenregion Cyrenaika, die ein wichtiger Handelsstützpunkt ist. Außerdem lässt er im ganzen Land Städte nach griechischem Muster errichten. Unter seiner Herrschaft wird Ägypten wieder eine Macht im Mittelmeerraum.

Religion aus der Retorte

Ptolemäus I. beauftragt nach seiner Machtergreifung den ägyptischen Oberpriester Manetho und den Priester Timotheus aus Eleusis, eine griechisch-ägyptische Mischreligion zu schaffen, die beide Völker anbeten können. Die beiden entwickeln aus dem Kult des Osiris, der Gestalt des heiligen Apis-Stier und der griechischen Demeter-Sage ein Mischwesen namens **Serapis**, das vor allem bei den Griechen großen Erfolg hat, weil es die lebensfrohen ägyptischen Jenseitsvorstellungen in das düstere griechische Totenreich bringt.

Sein Sohn **Ptolemäus II.** (reg. 285–246 v. Chr.) fördert die Künste und holt viele Gelehrte und Wissenschaftler nach Alexandria. Aus den Regierungsgeschäften hält er sich raus und überlässt sie seiner zwar übel beleumdeten, aber sehr tüchtigen Frau und Schwester **Arsinoe II.**

Schon gewusst?

Die berüchtigten Geschwisterehen im ägyptischen Herrscherhaus werden eigentlich erst unter den Ptolemäern zur Regel. Vorher hat gelegentlich ein Pharao, der Sohn einer Nebenfrau war, seine Halbschwester aus der Hauptehe des Vaters geheiratet, um seinen Thronanspruch zu untermauern.

Ptolemäus V. (reg. 204–180 v. Chr.) kommt als 5jähriges Kind auf den Thron. Seine Regenten und er versuchen sich mit Dekreten, Geschenken und Zugeständnissen an Volk und Priesterschaft stabile Verhältnisse zu verschaffen. Viele Steuern werden gesenkt, andere ganz erlassen. Außerdem rühmen Stelen, der König tue „viel Gutes für Apis und Mnevis und die anderen heiligen Tiere Ägyptens, mehr als die Könige vor ihm“.
Die Wirtschaft des Landes kann diese Geschenke jedoch nicht verkraften. Die Pharaonen geraten immer mehr in eine finanzielle Abhängigkeit von Rom. **Ptolemäus XII.** (reg. 80–51 v. Chr.) will sein Land sogar schon an Rom verschenken, **Ptolemäus XIII.** (reg. 51–47 v. Chr.) wird mit Gewalt zurück nach Alexandria gebracht, nachdem er nach Rom geflohen war.
Nach seinem Tod fällt das Reich an seine Kinder, den 10jährigen Ptolemäus XIV. und die 18jährige **Kleopatra VII.** (reg. 51–30 v. Chr.), die natürlich miteinander verheiratet sind. Die beiden stehen in Rom mit 17 Millionen Denaren in der Kreide.

Drei Jahre später muss Kleopatra vor der Partei ihres Bruders fliehen. Angeblich nur in einen Teppich gewickelt, flüchtet sie sich in den Schutz **Cäsars** (100–44 v. Chr.) und überzeugt ihn von ihrem Thronanspruch. Bei dem Versuch, diesen durchzusetzen, gerät die berühmte Bibliothek von Alexandria in Brand. Nach Cäsars Tod verführt Kleopatra gezielt **Marcus Antonius** (82–30 v. Chr.), um die ägyptische Selbstständigkeit und ihren Thron zu verteidigen. Doch auf Drängen des späteren Kaisers **Augustus** (63 v. Chr. – 14 n. Chr.) erklärt der römische Senat Ägypten den Krieg. Octavius Augustus siegt bei Aktium. Antonius und Kleopatra begehen Selbstmord. Ägypten wird römische Provinz.

Kultur und Geistesleben

Alexandria wird unter den Ptolemäern die erste Millionenstadt der Antike. Sie hat einen extrem schlechten Ruf und gilt selbst bei den Römern als Sündenbabel. Daneben ist sie der wichtigste Handelsplatz der Welt und das Mekka der Wissenschaften.

Im Musenheiligtum (Museion), das Ptolemäus I. gegründet hat, können die besten Gelehrten der Zeit unter optimalen Bedingungen studieren. Alles, was sie für ihren Lebensunterhalt brauchen, wird ihnen zur Verfügung gestellt. Vor allem aber haben sie Zugang zu der berühmten Bibliothek. Deren Vorsteher bemühen sich, alle literarischen Werke der Welt aufzukaufen. In ihrer Blütezeit soll die Bibliothek 700.000 Papyrusrollen besessen haben. Rund um diese Bibliothek entstehen Schulen der Philosophie, Rhetorik, Medizin und anderer Wissenschaften.

Auf das ägyptische Hinterland strahlt dieses Zentrum der Kultur und Geistesgeschichte nicht aus. Dort sind griechische Beamte bemüht, den einheimischen Bauern einen möglichst großen Teil ihrer Weizenernte abzuknöpfen. Denn von diesen Exporten lebt das Land. Ägypter bekommen kaum höhere Verwaltungsposten. Eine Vermischung der Völker wird nicht gefördert.

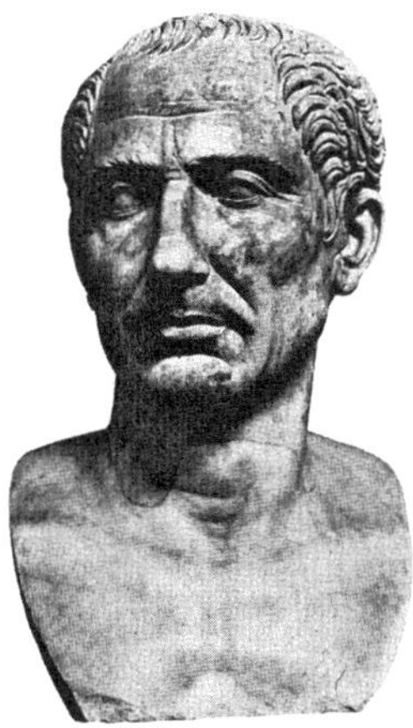

Julius Cäsar

Indien

Auch am Indus entsteht schon im 3. Jt. v. Chr. eine Hochkultur. Doch die Bewohner scheinen kein Bedürfnis zu haben, ihr Leben für die Nachwelt festzuhalten. Die Schrift wird so spärlich verwendet, dass sie bis heute noch nicht entziffert werden konnte. Auch bildliche Darstellungen fehlen fast völlig. In der vedischen Zeit geben immerhin religiöse und literarische Texte indirekte Informationen über die tatsächlichen Verhältnisse. Insgesamt aber ist das Bild der frühen indischen Kulturen viel undeutlicher als das der Verhältnisse an Euphrat, Tigris und Nil.

Stupa (2. Jh. v. Chr.)

Grundzüge der indischen Geschichte

Es hat den Anschein, als würde das Diesseits von Anbeginn der indischen Geschichte gegenüber dem Jenseits gering geschätzt. Es gibt keine Archive und keine Geschichtsschreibung. Die ersten Inschriften, die sich auf politische Ereignisse beziehen, stammen aus dem Reich des Königs **Aschoka** (reg. 273–232 v. Chr.).

In der Indus-Kultur fehlen auch erzählende Bilder, in der vedischen Zeit beschränken sie sich weitgehend auf mythologische Themen. Die Historiker sind deshalb ganz auf archäologische Funde angewiesen.

Um 2600 v. Chr. entsteht über die Handelsverbindungen nach Mesopotamien am Indus eine Hochkultur, deren Lebensstandard der sumerischen möglicherweise sogar überlegen ist. Ein einheitliches, zentral regiertes Reich scheint sich aber nicht gebildet zu haben. Brandspuren an den Ausgrabungen zeigen, dass es um 2000 v. Chr. zu größeren Angriffen auf die Dörfer und Städte an der Westgrenze gekommen sein muss. Wer die Angreifer sind, ist jedoch unklar.

Die Blütezeit der Indus-Kultur endet um 1900 v. Chr. Danach werden die Städte verlassen, und die

Bewohner siedeln in kleinere Dörfer um. Um 1500 v. Chr. dringen die **Arier**, indogermanische Einwanderer mit Streitwägen, von Norden her in das Industal ein.

Nach ihren Heiligen Schriften unterscheidet man zwischen der **altvedischen Zeit** von 1200–1000 v. Chr. und der **jungvedischen Zeit** zwischen 1000 und 600 v. Chr., in der sich die Arier im Gangestal ausbreiten.

In dieser Zeit findet eine Verschiebung vom Stammesdenken zu einem Territorialdenken statt. Außerdem entsteht die Lehre des **Matsanyaha**, des ungezügelten Wettbewerbs, in dem der Mächtige den Schwächeren unterdrückt. Die literarischen Texte lassen auf kurzlebige Dynastien, Rivalitäten zwischen Kleinstaaten, Grenzverschiebungen, Wanderungsbewegungen und eine allgemeine Unsicherheit schließen.

Nach 600 v. Chr. gibt es zahlreiche Adelsrepubliken und Kleinstaaten. Die größte Rolle spielt **Magadha** zwischen Ganges und Vindhja-Gebirge, das in den Veden noch als unbedeutend und barbarisch angesehen wird. Seine Fürsten erobern im 5. Jh. v. Chr. ganz Nordostindien. Vermutlich sind der Zugang zu Eisenerzen, reiche Reisernten und der Einsatz von Kriegselefanten entscheidend für den Erfolg.

Der Nordwesten wird Ende des 6. Jh. v. Chr. vom persischen König Dareios I. erobert. Damit kommen zahlreiche technische, wirtschaftliche und bürokratische Neuerungen nach Indien.

? Schon gewusst?

Nach dem Untergang der Induskultur hat Indien keine Schrift mehr. Die Bewohner übernehmen die persische Schrift und passen sie an die indischen Laute an. Am besten gelingt dies mit der östlichen Brahmi-Schrift, aus der sich mit der Zeit alle heutigen Alphabete Indiens, Tibets und Südostasiens entwickeln.

Ab etwa 500 v. Chr. findet eine Kolonisation vom Ganges aus nach Süden statt. Damit wird die städtische Kultur in bäuerliche Dorfgemeinschaften getragen. Über Stammeswanderungen kommen Elemente der Ganges-Kultur letztendlich bis nach Südostasien und Ozeanien.

In den Jahren 327–325 v. Chr. vernichtet Alexander d. Gr. mit dem Perserreich auch die persische Herrschaft in Nordwestindien. Der Söldnerführer **Candragupta** (reg. 321–298 v. Chr.), errichtet daraufhin das **Maurya-Reich**, das fast das ganze heutige Indien und Pakistan umfasst. Es zerfällt jedoch schon 232 v. Chr. wieder.

Die Indus-Kultur

Die Kultur am Indus hat von allen Hochkulturen die größte räumliche Ausdehnung. Mit über 700.000 Quadratkilometern ist ihr Gebiet doppelt so groß wie Ägypten oder Mesopotamien. Es erstreckt sich über weite Teile des heutigen Pakistan und Nordwestindien.

Die Siedler sind Ackerbauern, die aus dem ostiranisch-afghanischen Hügelland an den Indus ziehen. Aber wie in Mesopotamien und Ägypten erfordert auch hier das Leben am Fluss eine stärker durchorganisierte Gemeinschaft. Ab Mitte des 4. Jt. v. Chr. entstehen Dörfer, die von Mauern umgeben und durch Türme geschützt sind.

Ab etwa 2600 v. Chr. gibt es planmäßig angelegte große Städte. Bis heute sind fast 1000 Orte der Indus-Kultur entdeckt worden. Die kleineren haben vielleicht 2000 Einwohner, die Hauptzentren wie **Mohenjo-Daro** und **Harappa** möglicherweise bis zu 100.000. Große Vorratsspeicher lassen auf eine zentral gelenkte Wirtschaft schließen. Allerdings gibt es keine Gebäude, die eindeutig als Tempel oder Paläste zu identifizieren sind. Auch Herrscherstatuen fehlen. Es ist deshalb bis heute unklar, ob die Städte von Priesterkönigen oder weltlichen Fürsten regiert wurden.

Eine große Rolle muss der Handel gespielt haben. Schon im 4. Jt. v. Chr. scheinen die Inder auf dem Seeweg Kontakte zum Persischen Golf zu suchen. Ab Mitte des 3. Jt. v. Chr. gibt es einen regen Fernhandel mit Mesopotamien, Persien und Turkmenien. Alle Maße, Gewichte, Formen, Größen und sogar Dekorationen von Tongefäßen sind außergewöhnlich stark standardisiert.

Das wichtigste Handelsgut sind feine Baumwollstoffe. Daneben hat man sehr aufwändigen Karneolschmuck und hochwertige Goldschmiedearbeiten gefunden.

Einige kleine Skulpturen von außerordentlich lebendigen und gut proportionierten Körpern könnten darauf hinweisen, dass Tanz und Bewegung bereits im frühen Indien eine große Rolle spielen.

Obwohl die städtische Kultur abhängig vom Baumwollanbau auf dem Land ist, scheint die Verbindung zwischen Stadt und Umland nicht besonders eng zu sein. Der überregionale Indus-Stil ist jedenfalls nur in den Städten, nicht in den agrarisch geprägten Dörfern zu finden.

Die Ursachen für die Landflucht, die etwa ab 1900 v. Chr. einsetzt, sind unklar. Manche Forscher vermuten, dass die Landschaft so ausgebeutet ist, dass die Versorgung der Städte nicht mehr gewährleistet ist. So könnten z. B. die Zie-

gelbrennereien alles Holz für ihre Öfen verbraucht haben. Andere Historiker tippen eher auf Klimaveränderungen oder große Überschwemmungen. Scheinbar machen auch neue, kleinere Städte an der Küste den alten Handelsmetropolen Konkurrenz.
Jedenfalls werden die großen Städte aufgegeben. Stattdessen finden sich Spuren der Indus-Kultur in zahlreichen weit verstreuten Dörfern. Hochwertige Handwerksprodukte fehlen jedoch ebenso wie alle Indizien für einen Fernhandel. Auch die Schrift verschwindet.

! Rätselhafte Zeichen

Etwa seit 2000 v. Chr. haben die Indus-Leute eine Schrift, machen jedoch wenig Gebrauch davon. Sie wurde auf rund 5000 persönlichen Siegeln – die wohl von Mesopotamien übernommen worden sind – und einigen Platten entdeckt. Die etwa 400 bekannten Zeichen scheinen größtenteils Piktogramme zu sein und sowohl Personen- wie Ortsnamen darzustellen.
Man weiß nicht einmal, zu welcher Sprachgruppe die Indus-Leute gehören. Manche Forscher tippen auf die **drawidische** Gruppe, die heute vor allem in Südindien beheimatet ist. Diese Sprachen wie z. B. Tamil haben landwirtschaftliche Ausdrücke, die aus dem Sumerischen stammen. Außerdem werde in einigen drawidischen Dörfern ein Stierkult nachgewiesen, wie es ihn scheinbar auch in der Indus-Kultur gibt.

Die Städte

Die großen Zentren der Induskultur sind von verblüffender Modernität. Sie werden planmäßig angelegt. Das Straßennetz ist rechtwinklig, die bis zu zehn Meter breiten Hauptstraßen verlaufen in Nord-Südrichtung, sodass der Wind im Sommer ungehindert durchstreifen und für eine gewisse Kühlung sorgen kann.
Die Häuser sind aus gebrannten Ziegeln gebaut, meist um einen Innenhof gruppiert und oft sehr groß. Verzierungen oder Reliefs gibt es kaum, und die Fronten zur Straße hin verlaufen fast alle geradlinig. Anstatt Säulen, z. B. rund um die Innenhöfe, werden schmucklose rechteckige Pfeiler verwendet. Dafür verfügen die Häuser über Bäder, Toiletten, Brunnen oder Frischwassertanks und einen Anschluss an die öffentliche Kanalisation.
Vermutlich ist es die Indus-Metropole Mohenjo-Daro, die sich rühmen kann, das älteste Abwassernetz der Welt zu haben. Doch auch in den anderen Städten ist ein ausgeklügeltes System an Ton-

röhren unter dem Straßenpflaster verlegt. Der Standard ist höher als in manchen indischen Siedlungen der Gegenwart.
Außerdem gibt es in den Städten große öffentliche Thermen mit Warmluftheizung, Dampfbädern und Schwimmbecken. Kultisches Zentrum scheint eine erhöht gebaute Zitadelle zu sein. Auch die unterschiedliche Größe der Häuser deutet auf eine soziale Hierarchie hin. Einige Stände wie die Handwerker scheinen in eigenen Stadtvierteln zu leben.

? Schon gewusst?

Den ursprünglichen Namen von Mohenjo-Daro kennen wir nicht. Mohenjo-Daro heißt „Stadt der Toten". Die Bezeichnung stammt aus der Zeit, als die ehemalige Metropole schon eine Ruinenlandschaft ist.

Die Arier

Die Kultur der arischen Stämme, die um 1500 v. Chr. in das Industal kommen, erfüllt streng genommen nicht die Kriterien für eine Hochkultur. Die Arier bleiben lange Zeit Nomaden. Die indischen Ackerbauern werden von ihnen als „die nicht mit Kühen umzugehen verstehen" oder „die an einer Stelle sitzen" bezeichnet. Die Arier dagegen lassen sich erst spät in Dörfern nieder und haben lange Zeit keine Schrift. Es gibt zwar ein gewisses Zusammengehörigkeitsgefühl über die gemeinsame Sprache, sie sind jedoch in etwa 30 Stämme und noch mehr Clans gespalten, die sich gegenseitig bekämpfen. Durch ihre religiösen Schriften, die **Veden**, spielen sie dennoch eine zentrale Rolle für das indische Geistesleben.

? Schon gewusst?

Der Begriff „Arier" bezeichnet eine Untergruppe der indogermanischen Sprachfamilie, zu der die Iraner (Perser, Meder, churritische Oberschicht) und die Indoarier gehören. Es ist jedoch falsch, dahinter „Völker" zu sehen. Die Indogermanen, die wohl aus den südrussischen Steppen stammen, haben sich auf ihren Wanderungen mit allen möglichen Stämmen vermischt. Es ist sogar möglich, dass gelegentlich nur die Sprache weitergegeben wurde. Es muss also keine genetische Verwandtschaft zwischen „arischsprachigen" Völkern geben. Die Bezeichnung „Arier", wie sie die Nationalsozialisten verwenden, entbehrt jeglicher Grundlage. Die einzigen „arischsprachigen" Menschen in Nazi-Deutschland sind die Roma.

Obwohl die Veden vor allem religiöse und mythologische Texte enthalten, lassen sie auch Schlüsse auf gewisse geschichtliche Ereignisse zu. So erwähnt die *Rgveda* einen Sudas, der König der **Bharata** im heutigen Panjab war. Er soll in der „Zehnkönigsschlacht" 6066 Feinde getötet haben, indem er die Dämme des Ravi-Flusses durchstach und die feindlichen Heere von den Fluten wegspülen ließ. Aufgrund dieses Sieges haben die Bharata wohl zwischen 1300 und 1000 v. Chr. die Oberherrschaft im Panjab und im oberen Gangestal.

Jüngere Teile der *Rgveda* berichten vom Stammesverband der **Kuru-Pancal** rund um Delhi. Sie wurden wohl um 1000 v. Chr. durch den Reisanbau und die Einführung von Eisen reich. Jedenfalls betrachten sie alle Völker rundherum, vor allem die im Osten, als Barbaren. Um 800 v. Chr. scheint sich die Kuru-Kultur jedoch auch nach Osten und Süden auszubreiten.

Im 7. Jh. v. Chr. bilden sich im arischen Siedlungsgebiet Territorialstaaten heraus, und allmählich entstehen auch wieder Städte und eine Kaste von Kaufleuten, die Fernhandel betreiben und so im Laufe der Zeit zu großem Reichtum kommen.

Schon gewusst?

Miniatur der Mahabharata

Die *Mahabharata*, das größte Heldenepos des Sanskrit (entstanden zwischen 400 v. Chr. und 400 n. Chr.) schildert den Streit von zwei Familien, der Kaurava und der Pandava, um die Königswürde zur Kuru-Zeit. Forscher sehen jedoch Hinweise auf viel frühere Ereignisse, möglicherweise den Kampf der Bharata gegen ihre Feinde. Jedenfalls scheinen die besiegten Kaurava der vedischen Kultur anzugehören, während die Bräuche der Pandava (z. B. die Polyandrie, die Ehe einer Frau mit mehreren Männern) eher auf eine Herkunft aus Zentralasien schließen lässt.

Die Veden

Die Veden sind die heiligen Schriften der Indoarier. Sie sind in Sanskrit verfasst und enthalten religiöse Mythen, Gebete, Opfervorschriften, aber auch gesellschaftliche Regeln. Da die indoarischen

Stämme keine eigene Schrift haben, werden viele Veden erst um die Zeitenwende aufgezeichnet. Sie werden jedoch mündlich so präzise überliefert, dass man ziemlich genau bestimmen kann, wann ihre endgültige Fassung entsteht.

! Soma und Karma

Die ältesten religiösen Überlieferungen der Indoarier berichten von einem bunten Göttergeschlecht, das dem der Perser und der Churriten ähnlich ist. Als Eltern gelten der Wettergott Dyaus und die Erdgöttin Prithivi. Von ihren Kindern sind Indra und der Windgott Vayu besonders wichtig. Außerdem spielt im Kult ein Rauschgetränk namens Soma eine große Rolle, das sogar als Gott personifiziert wird. Später betet man die Göttertriade Indra, Surja und Agni an, die in jungvedischer Zeit durch Brahma, Shiva und Vishnu ersetzt wird.
Gleichzeitig kommt aber eine Form der Religiosität auf, die sich weniger an konkreten Göttern als an geistigen Prinzipien orientiert. Die Upanishaden lehren eine Versenkung in eine göttliche Urkraft namens Brahma. Die Karma-Lehre besagt, dass alle Taten eines Menschen an dessen Seele gebunden sind und bei jeder Wiedergeburt mitgenommen werden.

Den Grundstock bildet die *Rgveda* (Veda der Verse). Sie entsteht um 1200–1000 v. Chr. im nordwestlichen Indien und erhält im 8. Jh. v. Chr. ihre endgültige Fassung. In ihr finden sich weit über 1000 Hymnen, die im Opferzeremoniell der Priester (**Brahmanen**) eine Rolle spielen. Außerdem erzählt sie von der Schöpfung der Welt aus der Opferung des Ur-Menschen Purusha durch die Götter.
Weitere wichtige Veden sind die *Samaveda* (priesterliche Opfergesänge), die *Yajurveda* (Opfersprüche) und die *Atharvaveda* (Zaubertexte). Später folgen die *Aranyakas*, die sich mit besonders geheimen und gefährlichen Ritualen befassen, und die *Upanishaden*, die eher philosophische Betrachtungen enthalten.
Für die Auslegung der komplizierten Vorschriften und Sprüche fühlt sich allein die Priesterkaste der Brahmanen zuständig. Mit diesem Deutungsmonopol der Veden sichert sie sich eine Vorrangstellung im gesamten sozialen Leben.

Das Kastenwesen

Im Kuru-Reich beginnen sich die Priester (Brahmanen) und die Adeligen (Kshatriyas) gegen das gewöhnliche Volk (Vaishyas) und die Fremden (Shudras) abzugrenzen. Daraus entstehen komplizierte hierarchisch-religiöse Vorschriften im Umgang miteinander, die in die Veden aufgenommen und dort festgeschrieben werden.

Vermutlich soll dieses System einen Kampf aller gegen alle kanalisieren. Bis auf die Shudras erhält jeder einen fest zugewiesenen Platz in der Hierarchie, von dem aus er sich z. B. durch teure Rituale hochdienen kann. Die Veden, Schriften von Brahmanen für Brahmanen, sprechen jedoch offen davon, dass die Masse des Volkes von Adel und Priesterschaft niedergehalten werden soll. So ist es erlaubt, einen Vaishya auszurauben oder einen Shudra zu töten.

Aufgrund dieses frühen Kastensystems bildet sich ein Königtum mit Unterkönigen und Hofbeamten.

? Schon gewusst?

Mit der Zeit wird das Kastensystem immer grotesker. 1901 soll es 2378 Kasten in Indien geben, die einander nicht berühren, nicht miteinander essen und schon gar nicht untereinander heiraten dürfen.

Der Buddhismus

Bereits in den jungvedischen *Upanishaden* kommt die Vorstellung auf, den Kreislauf der Wiedergeburten durch Meditation und Askese zu überwinden.

Der nepalesische Prinz Siddharta (um 560–483 v. Chr.) macht daraus unter dem Namen **Gautama Buddha** eine neue Religion. Jeder

Buddha

Mensch, so lehrt er, könne sich durch die Überwindung seiner Begierden vom Kreislauf der ewigen Wiedergeburten erlösen. Dazu brauche er weder einen verwirrenden Götterhimmel noch die Brahmanen mit ihren komplizierten Vorschriften und Ritualen.

Anstatt des starren Kastenwesens predigt Buddha ein friedliches, moralisches Handeln gegen alle Lebewesen. Außerdem verwendet er die Sprache des Volkes anstatt des Sanskrit.

Die neue Lehre wird schnell populär. Unter anderem kann Buddha Bimbisara, den König des auf-

? Schon gewusst?

Parallel zu Buddha entwickelt Mahavira (gest. um 527 v. Chr.) den Jainismus, eine Art Reformation der vedischen Religion, die ebenfalls das Deutungsmonopol der Brahmanen ablehnt. Da er aber die Karma-Lehre auf die Spitze treibt und selbst das unabsichtliche Zertreten einer Ameise als Belastung für das künftige Leben sieht, wird seine Lehre nicht ganz so populär.

strebenden Fürstentums Magadha gewinnen, der ihn 37 Jahre tatkräftig unterstützt. Vor allem aber ist die neue Lehre für die Kaufleute, Bürger und Handwerker in den Städten attraktiv, denen das hinduistische Kastenwesen nur eine untergeordnete Rolle zubilligt.

Das Maurya-Reich

Candragupta (reg. 321–298 v. Chr.), der Gründer des ersten indischen Großreiches, stammt wohl aus einfachen Verhältnissen und ist Mitglied des Maurya-Stammes. Er ermordet um 321 v. Chr. den König von Magadha und macht sich zum Herrscher von ganz Nordostindien. Vier Jahre später geben die Griechen den ehemals persischen Nordwesten auf, den Candragupta prompt besetzt. 305 v. Chr. versucht **Seleukos I.** (reg. 305–281 v. Chr.), seine Ansprüche auf dieses Gebiet in einer Schlacht durchzusetzen, erleidet aber eine Niederlage und entschließt sich, lieber Frieden mit Candragupta zu schließen. Er gibt ihm sogar eine seiner Töchter zur Frau und bekommt dafür 500 Kriegselefanten, die ihm helfen, sich im Westen gegen seinen Rivalen Antigonos durchzusetzen.

Das Maurya-Reich hält enge Kontakte zum hellenistischen Griechenland. Dessen Chronisten schwärmen vom unfassbaren Reichtum des Herrschers, seinen Palästen und Gärten, sowie dem verschwenderischen Umgang mit Gold und Edelsteinen.

Seine größte Ausdehnung hat das Maurya-Reich unter **Aschoka** (reg. 273–232 v. Chr.). Es endet im Süden ungefähr auf der Höhe von Madras. Um dieses Ziel zu erreichen, führt Aschoka grausame Feldzüge – inklusive Massaker an der Zivilbevölkerung.

Später konvertiert er zum Buddhismus, bereut seine Taten, löst sein Heer auf und verkündet ein Wohlergehen des Landes in Frieden. „Alle Menschen sind für mich wie meine Kinder“, erklärt er und beruft „Beamte für Rechtschaffenheit“ ein, die die Entscheidungen von Militärs und Zivilbeamten aufheben können, wenn sie den neuen Prinzipien nicht entsprechen. Ashokas politi-

? Schon gewusst?

Candragupta I. hat eine Leibwache aus Frauen, da er diese für zuverlässiger hält. Sein Reich ist ein gigantischer Polizei- und Wohlfahrtsstaat mit Spionagesystem und organisierten Hilfsmaßnahmen für Bedürftige. Der Herrscher hält ständig 60.000 Mann unter Waffen und schläft jede Nacht in einem anderen Raum seines Palastes.

sches Grundsatzprogramm ist das älteste schriftliche Dokument der indischen Geschichte.
Die meisten Historiker glauben jedoch weniger an eine wirkliche Bekehrung, als an einen gut inszenierten Richtungswechsel in der Politik, nachdem Aschoka genug Eroberungen gemacht hat. Hunderttausende von Verschleppten aus dem Süden, die in der Landwirtschaft gebraucht werden, dürfen jedenfalls nicht heimkehren.

Kultur und Gesellschaft

Das Maurya-Reich, vor allem das Kernland Maghada, ist ein straff organisierter Agrarstaat, in dem alles Land als Besitz des Königs gilt und entsprechend besteuert wird. Die Bauern haben einen Großteil ihrer Ernte abzugeben. Die Könige bauen die Infrastruktur aus, lassen sich aber z. B. den Bau von Kanälen durch eine Wassersteuer abgelten. Die Anbauflächen werden vergrößert, neue Straßen mit Rasthäusern angelegt, Brunnen gegraben, Bäume gepflanzt und Heilpflanzen angebaut. Das Tauschwesen wird durch eine Geldwirtschaft ersetzt. Alle Waren unterliegen einer Mehrwertsteuer von zehn Prozent. Handwerksbetriebe, Spielhallen und Bordelle brauchen eine Konzession. Preis und Qualität der Waren sowie die Sauberkeit der Märkte werden penibel kontrolliert. Außerdem unterliegen alle Fremden besonderer Beobachtung. Auf den Beamtenlisten rangieren die Spione direkt nach dem König und noch vor den Ministern. Getarnt als Einsiedler, Kaufleute, Studenten und Huren, überwachen sie das Volk.
Die Gesellschaft ist inzwischen in sieben Kasten unterteilt. Doch die Hinwendung zum kastenlosen Buddhismus lässt eine neue Führungsschicht aus Bürokraten, Militärs, Kaufleuten und reichen Grundbesitzern entstehen.

! Der König und der Glauben

Stupa (2. Jh. v. Chr.)

Aschoka bemüht sich intensiv um die Verbreitung des Buddhismus. Er stiftet über 80.000 Stupas (Reliquienschreine) und viele Klöster. Außerdem sendet er Missionare zu den Seleukiden, nach Ägypten, Makedonien, Epirus, Libyen und Sri Lanka. Ein griechischer Kleinkönig soll sich tatsächlich bekehrt haben. Um 250 v. Chr. beruft er ein buddhistisches Konzil ein, um eine offizielle, einheitliche Lehre für das ganze Reich festzulegen. Er hat damit jedoch keinen Erfolg. Indien behält seine religiöse Vielfalt.

China

In China entsteht die erste Hochkultur im Tal des Hoang He, des Gelben Flusses. Seit etwa 5500 v. Chr. wird auf dem fruchtbaren Boden Hirse angebaut. Aber auch der Hoang He beschert seinen Anwohnern oft Überschwemmungen und kann nur in gemeinschaftlichen Anstrengungen gebändigt werden. Doch die chinesischen Reiche zeichnen sich weniger durch eine perfekte Verwaltung, als durch erstaunliches technisches Know-how aus.

Tempelwächterfigur

Grundzüge der chinesischen Geschichte

Im 3. Jt. v. Chr. breitet sich von der Mündung des Hoang He her eine Keramik-Kultur aus, die als **Longshan** bezeichnet wird. Den Longshan-Handwerkern gelingen gegenüber den anderen frühchinesischen Töpferkulturen entscheidende technische Fortschritte. Sie erfinden die Töpferscheibe und benutzen Brennöfen mit mehreren Kammern, in denen sie Temperaturen bis zu 1000 °C erzeugen können. Auch die Metallbearbeitung entwickelt sich sehr schnell. Dadurch entstehen eine arbeitsteilige Gesellschaft und weitreichende Handelsbeziehungen.

Aus der Longshan-Kultur entwickeln sich die Herrscherdynastien der ersten Hochkulturen. Laut Überlieferung beginnt die chinesische Geschichte um 3000 v. Chr. mit einem Goldenen Zeitalter, in dem fünf vergöttlichte Herrscher, die „Gelben Kaiser", regiert haben sollen.

Danach soll um 2100 v. Chr. die Dynastie der **Hsia** mit dem „Großen Yu“ als erstem Herrscher gefolgt sein, die sich historisch aber nicht belegen lässt. Die Forscher vermuten allerdings, dass die Erzählungen über die Hsia teilweise auf historischen Tatsachen beruhen. Reichbestückte Gräber und Palastruinen belegen zumindest, dass es zu Beginn des 2. Jt. v. Chr. im Bereich der Longshan-Kultur mächtige Fürsten gibt.

Die Hsia werden im 16. Jh. v. Chr. von den **Shang**-Fürsten besiegt, die die erste nachweisbare Dynastie der chinesischen Geschichte darstellen.

Sie werden im 11. Jh. v. Chr. durch ein Vasallengeschlecht, die **Chou**, gestürzt. Diese können zunächst die alten Stammes- und Clanbindungen überwinden und ein durchorganisiertes Lehensreich bilden, das jedoch im 8. Jh. v. Chr. zerbricht. Obwohl die Chou an der Macht bleiben, sind die wahren Herrscher mehrere Territorialfürsten, die sich untereinander bekriegen.

Im 3. Jh. v. Chr. gelingt es Cheng, dem Fürsten des westchinesischen Reiches **Ch’in**, alle anderen Territorien zu unterwerfen. Unter dem Namen **Shih Huang-ti** (259–210 v. Chr.) wird er erster chinesischer Kaiser.

Er führt großangelegte Reformen durch, regiert jedoch auch mit brutaler Härte. Ein Jahr nach seinem Tod beginnen Aufstände gegen seinen Sohn, die 206 v. Chr. mit dem Sieg der **Han** enden. Diese machen China zu einem zentralistischen Beamtenstaat, in dem der Konfuzianismus offizielle Ideologie ist. Seine größte Macht hat das Reich unter Kaiser **Wu-ti** (140–87 v. Chr.). 220 n. Chr. zerfällt das Han-Reich in mehrere einzelne Staaten.

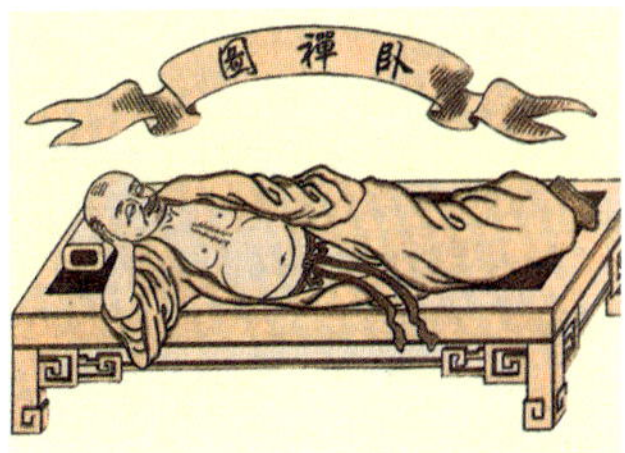

Meditationsstellung der Konfuzianer

Die Shang-Zeit

Die Shang-Herrscher – es soll 30 gegeben haben – sind Priesterfürsten, die einen ausgeprägten Orakelkult pflegen. Aus diesem entwickelt sich die chinesische Schrift.

Sie verfügen aber auch über ein schlagkräftiges Heer mit Kampfwagen. Ihr Einflussbereich umfasst das ostchinesische Tiefland zwischen Peking und dem Jangtsekiang. Die Bewohner außerhalb ihrer Grenzen gelten als Barbaren, werden versklavt oder in religiösen Riten als Opfer dargebracht. Die Gesellschaft ist wohl durch Clans strukturiert, und auch die Herrscher stützen sich vor allem auf ihre Verwandten. Sie gründen nacheinander fünf Hauptstädte, die bereits eine Kanalisation mit tönernen Abflussrohren haben.

Da die Shang sowohl Kupfer- wie Zinnvorkommen kontrollieren, entwickelt sich eine Bronzekunst, die alles, was für die orientalischen Hochkulturen steht, weit in den Schatten stellt. Außerdem werden die Herrscher durch den Handel mit dem begehrten Metall reich. Die Shang-Herrscher bekommen große Schätze – und ihre Diener – mit ins Grab.

! Die Sprache der Knochen

Die ältesten chinesischen Schriftzeichen stammen von etwa 1600 v. Chr. und werden auf Ochsenknochen und Schildkrötenpanzern gefunden. Die Orakelpriester der Shang berühren diese Knochen mit heißen Bronzestäbchen. Aus den entstehenden Rissen lesen sie die Botschaft aus dem Jenseits. Frage und Antwort werden oft auf dem Knochen vermerkt. Die chinesische Schrift ist die älteste, die heute noch existiert. Schon Zeichen von 1300 v. Chr. zeigen eine unverkennbare Ähnlichkeit zum modernen Chinesisch.

Religion und Totenkult

Die Shang huldigen einem Fruchtbarkeits- und Ahnenkult. Ihre Priesterkönige können über die Rituale direkten Kontakt zu den verehrten Geistern der Ahnen herstellen. Damit rechtfertigen sie ihre Stellung. Nach ihrem eigenen Tod werden sie selbst zu göttlichen Wesen. Entsprechend aufwändig sind die Begräbnisse.

In der letzten Shang-Hauptstadt Yin aus dem 11. Jh. v. Chr. findet man 13 riesige Schachtgräber, in denen die Herrscher und ihre Angehörigen beigesetzt werden.

Die Könige ruhen in einer hölzernen Grabkammer im Zentrum, während rundherum Männer und Frauen des Hofstaates, bewaffnete Krieger, Pferde und Hunde liegen. Um den Sarg der Herrscher stehen bronzene Ritualgefäße für Wein- und Speiseopfer, die die Seelen erhalten sollen.

Tempelwächterfigur

Auf den Gräbern opfert man Affen, Hunde und Menschen. Die Menschen – wohl Kriegsgefangene – werden enthauptet und ihre Schädel in die Erde eingestampft. Ein Grabhügel enthält 24 Köpfe.

Jade und Bronze

Der überwiegende Teil der Kunstgegenstände aus der Shang-Zeit wird in Gräbern gefunden. So

Jade in Drachenform

enthält z. B. das Grab einer Kaiserin 400 Bronzegefäße und 750 fein geschnitzte Jadeobjekte.
Jade wird in China schon seit etwa 4000 v. Chr. geschnitzt, wobei teilweise bis heute unklar ist, womit man das harte Material überhaupt bearbeitet hat. Sie gilt als versteinertes Mondlicht und symbolisiert ewiges Leben. In der Shang-Dynastie finden sich vor allem kleine grüne Scheiben, die dem Himmelskult, und bräunliche quaderförmige Röhren, die dem Erdkult dienen. Daneben entstehen aber auch kunstvolle Miniaturskulpturen von Menschen und Tieren, sowie

? Schon gewusst?

In der Han-Zeit bekommen adelige Tote auf jedes Organ ein Jadeamulett gelegt oder werden ganz in eng anliegende Kostüme gepackt, die aus Tausenden von Jadeplättchen bestehen und mit Goldfäden zusammengenäht sind.

Schmucktafeln, auf denen Drachen, Phönixe und andere Fabelwesen abgebildet sind.
Die chinesischen Bronzeschmiede können bereits um 1500 v. Chr. Figuren und Gegenstände in wieder verwertbaren Schalen gießen. Sie ritzen sogar Muster und Figuren in den Wänden dieser Tonschalen ein, die dann als Relief auf der Bronze erscheinen.
Die großen Opfergefäße in den Shang-Gräbern haben individuelle, phantasievolle Formen, sind

Symbol des Drachen

mit filigranen Mustern und oft auch noch mit plastischen Tierköpfen bedeckt. Sehr beliebt sind drachenähnliche Ungeheuer mit großen, hervorspringenden Augen.

Die Chou-Zeit

In der Hoffnung, einen Verbündeten im Kampf gegen die Barbaren jenseits der Grenze zu finden, macht der Shang-Kaiser Wu Ding den Chou-Sippenführer Danfu zum Herzog. Die Familie bekommt jedoch schnell eine militärische Macht, die weit über ihr Stammesgebiet hinausgeht. Sie befehligt auch Truppenkontingente der Nachbarfürsten und beginnt ihr eigenes Reich straff durchzuorganisieren.

Als der Chou-Fürst **Wu Wang** (reg. um 1049–1043 v. Chr.) dann die Shang-Hauptstadt Anyang erobert, behauptet er, die Shang hätten die Tempel der Ahnen vernachlässigt, weshalb der Himmel nun ihm die Macht übertragen habe. Er errichtet einen Altar aus Erdboden und belehnt rund 2000 Verwandte und verbündete Adelige, indem er jedem eine Scholle des Altars übergibt, die der Belehnte auf seinem neuen Land in einen eigenen Altar einfügen soll.

Um 1000 v. Chr. beginnen die Chou ihren Einflussbereich bis zu den Bergen im Westen auszudehnen. Teilweise erobern auch die Fürsten auf eigene Faust neue Gebiete. Um das größer werdende Reich gegen Eindringlinge zu verteidigen, rüsten die Chou-Herrscher selbst ihre Vasallen auf, sodass diese bald stärker werden als das Königshaus. 841 v. Chr. zwingen die Fürsten den König Li Wang (878–841 v. Chr.) zur Flucht.

771 v. Chr. dringen nomadische Barbaren in die Hauptstadt Hao (nahe dem heutigen Hsian) ein und töten König You (reg.

! Ein Feld für den Herrn

Das Lehensystem, das die Chou einführen, ähnelt sehr stark demjenigen, das im Mittelalter in Europa geherrscht hat. Der König verteilt das Land an die Fürsten, die ihm dafür militärischen Beistand gewähren müssen. Die Fürsten weisen das Land wiederum Bauern zu, die ihnen Frondienste und einen Teil der Ernte schulden. In China wird das ganze Land in Quadrate zerstückelt, die wiederum in neun Felder unterteilt werden. Die acht äußeren Felder werden jeweils einer Bauernfamilie zugeteilt. Das neunte Quadrat in der Mitte bewirtschaften die Familien gemeinsam für den Lehnsherrn.

781–771 v. Chr.), dem keiner der Fürsten zur Hilfe kommt. Damit ist das Reich der Chou im Grunde genommen zerbrochen.

Der nächste Herrscher verlegt die Residenz ins östliche Tiefland zurück. Die Chou bleiben nominell Könige, kontrollieren aber nicht mehr als die nähere Umgebung ihrer Residenz und beschränken sich auf repräsentative und priesterliche Funktionen. Ihre ehemaligen Lehensfürsten bekämpfen sich erbittert. Erstaunlicherweise erblühen sowohl die Wirtschaft als auch die Kultur während der „Zeit der Streitenden Reiche“.

Technische und ökonomische Revolution

Um 600 v. Chr. führen die Chinesen in der Landwirtschaft den Eisenpflug ein und verbessern die Bewässerung. Damit entspannt sich auch die Versorgungslage, und die Bevölkerung wächst rapide an. Die Territorialfürsten bauen ihre Macht aus, indem sie vor allem in den Randgebieten ihrer Länder neue Städte gründen.

Die Binnenkonjunktur lässt eine Klasse der Händler und Kaufleute entstehen, die bald nicht nur mit Waren, sondern auch mit Steuerpacht, Landspekulationen, Kriegskrediten und Heereslieferungen Geschäfte macht. Vor allem die Lieferanten von Waffen und Luxusgütern werden schnell reich. Auch Kohlebergwerke bringen einen großen Gewinn, weil die neu entstandene Eisenindustrie Brennstoff braucht. In den Städten etablieren sich Handwerksbetriebe, Märkte und Geschäftsstraßen, Restaurants, Kneipen, Spielhäuser und Bordelle.

? Schon gewusst?

Im 6 Jh. v. Chr. kochen die Chinesen den ersten Stahl der Welt. Da sie ihre Öfen mit Kohle beheizen, nicht mit Holzkohle wie Europäer und Orientalen, können sie Temperaturen erzielen, die hoch genug sind, das Eisenerz zu verflüssigen und dann durch plötzliche Kaltluftzufuhr oxydieren zu lassen.

Der Konfuzianismus

Trotz der „Streitenden Reiche“ glauben die Chinesen daran, dass der Himmel (**tian**) eine Einheit ihres Reiches will. Unter dem Schutz einzelner Herrscher entwickeln Gelehrte deshalb Vorstellungen von einer neuen Ordnung und begründen die chinesische Philosophie.

Der wichtigste unter ihnen ist Kong Qiu (551–479 v. Chr.), der Meister Kong (Kong Fu Zi) genannt wird und im Westen als **Konfuzius** bekannt ist. Er prägt die Auffassung, dass jeder Mensch vernünftig, gehorsam und tugendhaft seinen Platz in Familie und

Gesellschaft einzunehmen hat. Der Edle solle sich nicht auf Vorrechte berufen, sondern seinen Charakter und seine Bildung durch ein tugendhaftes Leben unter Beweis stellen.

? Schon gewusst?

Konfuzius prägt die goldene Regel: Was du nicht willst, dass man dir tut, das füg auch keinem anderen zu.

Unter den Han wird diese Lehre zur Staatsdoktrin. Alle anderen philosophischen Lehren wie der **Taoismus** des **Lao-tse** (wohl 6. Jh. v. Chr.), der auf dem Gedanken beruht, jeder Mensch müsse nur dem natürlich vorgegebenen Weg (Tao) folgen, oder die naturalistische **Yin-Yang-Lehre** werden in den Konfuzianismus integriert.

! Wichtige Bücher

In der Chou-Zeit entstehen die wichtigsten Werke der chinesischen Literatur. Die größte Rolle spielt das Orakelbuch *I-ching* oder *I Ging (Buch der Wandlungen)*, das sämtliche philosophische Ansätze der chinesischen Geschichte wie Konfuzianismus, Taoismus und Yin- und Yang-Philosophie enthält. Zu den fünf klassischen Werken der chinesischen Literatur zählen weiter: die Lyrik-Anthologie *Shi-ching* (Buch der Lieder), das *Shu-ching* (Buch der Urkunden), eine Zusammenstellung von Texten zu politischen Fragen, das *Li-chi* (Buch der Sitte) mit Opfervorschriften und moralischen Traktaten und das *Ch'un-chu'iu* (Frühling und Herbst), eine von Konfuzius geschriebene Chronik des Staates Lu von 722–481 v. Chr.

Kunst und Religion

Gleich zu Beginn ihrer Herrschaft entmachteten die Chou-Könige die Shang-Priester und schaffen das Knochenorakel ab. Die Könige legen sich den Titel **Tianzi** (Sohn des Himmels) zu und verstehen sich weniger als göttliche Wesen, denn als Vertreter des Himmels auf Erden. Der Ahnenkult wird zwar nicht abgeschafft, aber profanisiert.

Mit der Zeit verschwinden die Tier- und Menschenopfer aus den Gräbern. Stattdessen werden den Toten kleine Figuren aus Bronze oder lackiertem Holz mitgegeben. Auch die dämonischen Tierdekors weichen phantasievolleren und verspielteren Darstellungen.

Zwar bleiben die Gräber reich gefüllt, doch Könige und Adelige entdecken mehr und mehr ihren Wert für das Diesseits. Bronzegefäße werden gerne als Auszeichnung oder Mitgift verschenkt. Keramiken, Seidenstoffe und Lackarbeiten werden mit Szenen vom Hof oder aus dem Alltagsleben geschmückt.

! Chinesischer Lack

Die berühmten chinesischen Lackarbeiten werden aus dem natürlichen Harz einer Baumart (Rhus) angefertigt. Die ältesten Grabfunde stammen schon aus dem 5. Jt. v. Chr. Damit das Harz verwendet werden kann, muss es vorher lange erhitzt und gefiltert werden. Hochwertige Arbeiten bestehen aus mindestens 30 Schichten, von denen jede einzeln aufgetragen, getrocknet und poliert werden muss. Danach ist der Überzug aber absolut wasserdicht, korrosions- und hitzebeständig.

Die Ch'in-Zeit

Im Gegensatz zum großen Meister Konfuzius glaubt der Philosoph **Han Feizi** (3. Jh. v. Chr.), dass der Mensch nicht von sich aus zur Tugend fähig ist. Deshalb würden nur strenge Gesetze, harte Strafen und ständige Überwachung eine stabile Gesellschaft garantieren. Diese Lehre, die unter dem Namen Legalismus in die chinesische Philosophie eingeht, trägt er dem westchinesischen Fürsten Cheng vor. Der Philosoph wird von einem eifersüchtigen Minister des Fürsten umgebracht. Cheng jedoch stützt sich, nachdem er Chinas erster Kaiser geworden ist, ganz auf die Ratschläge des Han Feizi.

Als Shih Huang-ti macht er aus einem losen Verband von Feudalstaaten ein zentralistisch regiertes Reich, dessen Provinzen von Beamten regiert werden. Er führt eine einheitliche Schrift, eine gemeinsame Währung und standardisierte Maße ein.

? Schon gewusst?

Shih Huang-ti beginnt seine Reformen mit der Standardisierung der Wagenspurbreite. Die Fahrrinnen der Wagen, die sich oft tief in den lehmigen Boden graben, markieren überhaupt erst eine Straße und sind vor der Römerzeit in allen Ländern die einzige Art der „Befestigung". Es gibt jedoch erhebliche Probleme, wenn Fahrzeuge nicht die gleiche Achsenlänge haben. Vor der Einigung gibt es in China in jeder Provinz eine andere Norm.

Die adeligen Familien – der Überlieferung nach 120.000 – lässt der neue Kaiser in die Umgebung Xianyang (bei Hsian) umsiedeln und

Chinesische Mauer

alle Waffen, die er nicht für sein Heer benötigt, einschmelzen. Ehemalige Soldaten werden mit dem Bau der Chinesischen Mauer beschäftigt. Auch die dienstpflichtigen Kleinbauern zwischen 23 und 56 Jahren werden beim Mauerbau, aber auch für die Errichtung von Straßen und Kanälen herangezogen.

Kultur eines Despoten

Shih Huang-ti will als Begründer Chinas gelten. Deshalb lässt er alle Bücher von Historikern und Philosophen – mit Ausnahme der Legalisten – verbrennen. Zuwiderhand-

? Schon gewusst?

Die chinesischen Expansionsversuche nach Norden haben die mongolischen und türkischen Nomaden teilweise aus ihren angestammten Weidegründen vertrieben, was im 3. Jh. v. Chr. zu Hungersnöten und daraus resultierenden räuberischen Überfällen führt. Dagegen lässt Shih Huang-ti einen 2500 Kilometer langen Schutzwall errichten. Die Qualen, die vor allem die Sträflinge beim Bau erleiden, werden in den Volksliedern noch heute besungen.

Terrakotta-Armee

lungen werden mit dem Tod oder Zwangsarbeit an der chinesischen Mauer bestraft. Selbst musikalische Werke und Musikinstrumente fallen der Verfolgung zum Opfer, da Konfuzius der Musik einen großen Wert beigemessen hat.
Shih Huang-ti dagegen interessiert nur, was praktisch ist, z. B. Bücher über Landwirtschaft, Medizin und Orakel. Ironischerweise hat aber gerade er eines der berühmtesten chinesischen Kunstwerke geschaffen, das zum UNESCO-Weltkulturerbe gehört.

Vor seinem Grab lässt er eine riesige Armee von rund 7000 lebensgroßen Terrakottasoldaten samt Pferden und Streitwagen aufstellen, die seinen Leichnam bewachen sollen. Die Krieger bestehen aus grauem Ton und sind ursprünglich bemalt. Während Körper und Gliedmaßen in Serie hergestellt werden, haben die Gesichter individuelle Züge. Alte chinesische Schriften erzählen auch vom Bau eines riesigen unterirdischen Totenpalastes. Doch noch ist dieser nicht ausgegraben worden.

Die Han-Zeit

Shih Huang-tis Sohn Hu Hai (reg. 211–206 v. Chr.) wird von zwei Männern besiegt: Xiang Yu, einem Adeligen, und Liu Bang, einem einfachen Mann. Nach dem Tod des Kaisers bekriegen sich die beiden gegenseitig, bis 202 v. Chr. Liu Bang siegt und unter dem Namen **Gao-ti** (reg. 202–195 v. Chr.) der erste Kaiser der Han-Dynastie wird.

Die Han-Herrscher führen die Reformen des Shih Huang-ti in gemilderter Form fort. Sie bauen die Verwaltung und den Beamtenapparat aus, entmachten den Adel, indem sie eine Aufspaltung des Erbes auf alle Söhne vorschreiben, und mindern die Fronarbeit der Bauern etwas.

! Die große Handelsstraße

Etwa um 100 v. Chr., als die Han-Kaiser einen großen Teil Zentralasiens für den Karawanenhandel sicher gemacht haben, entsteht die berühmte Seidenstraße. Sie ist eine der frühesten bekannten Fernhandelsverbindungen und führt über 6000 Kilometer von China nach Rom. Transportiert werden vor allem Luxusgüter wie chinesische Seide, römische Wolle und wertvolle Metallarbeiten.

Daneben gibt es großangelegte Kolonisations- und Umsiedlungsprogramme, die an die zwei Millionen Menschen betreffen. Der Handel mit Eisen, Salz, Seidenweberei, Lack- und Bronzewaren wird Staatsmonopol. Das Bewässerungssystem wird ausgebaut.

Außerdem betreiben sie eine Expansionspolitik. Das Reich umfasst schließlich fast das ganze heutige China mit Ausnahme von Tibet und der inneren Mongolei, dazu große Teile Koreas und den Norden Vietnams. Um die Zeitenwende hat es 60 Millionen Einwohner. Bis zur Herrschaft von Kaiser **Wu-ti** (140–87 v. Chr.) nimmt das Reich einen gewaltigen Aufschwung, danach wird es vor allem durch das Problem der ungerechten Landverteilung zunehmend geschwächt. Obwohl sich die Kaiser um ein unabhängiges Kleinbürgertum bemühen, sind 60 Prozent des Landes in der Hand von Großgrundbesitzern, die ihre Pächter gnadenlos ausbeuten. Die Einnahmen des Staates gehen dadurch drastisch zurück.

Im Jahr 9 versucht Kaiser **Wang Mang** (reg. 9–23) grundlegende Reformen. Er erlässt den Bauern einen Teil ihrer Lasten, verstaatlicht das Land, schafft die Sklaverei ab, legt Preise fest und verstärkt die Staatsmonopole auf Salz, Eisen und die Münzprägung. Doch die Landbesitzer zwingen ihn, die Verstaatlichung rückgängig zu machen. Dazu kommen außenpolitische Probleme und eine Hungersnot, was zu Bauernaufständen führt. Eine Rebellengruppe namens „Rote Augenbrauen“ bringt den Reformator um.

Die Probleme jedoch bleiben. Der Staat versucht, durch Senkung der Agrarsteuern die Bauern zu entlasten und verliert dadurch noch mehr Einnahmen. Schließlich müssen Teile des Reiches aufgegeben werden, weil ihr Erhalt zu teuer kommt. Die dortigen Kolonialbauern kehren zurück und vergrößern das Angebot an billigen Arbeitskräften für die Großgrundbesitzer. Ende des 2. Jh. n. Chr. führt die Situation zu Bürgerkriegen, die 220 mit einem Zerfall des Reiches enden.

Die Verwaltung

Die Machtergreifung der Han wird vor allem von Künstlern und Gelehrten als Befreiung erlebt. Sie unterstützen den neuen Stadt von Anfang an, sodass sich eine „Bürokratie der Literaten“ entwickelt. Die Lehre des Konfuzius, dass jeder mit seinen Fähigkeiten tugendsam dem allgemeinen Wohl dienen soll, wird Staatsdoktrin, der Beamtenapparat auf über 130.000 kaiserliche Verwaltungskräfte aufgebläht.

124 v. Chr. gründet Kaiser Wu-ti eine Universität, die alle Beamtenanwärter durchlaufen müssen. Die Studenten müssen vor allem die Klassiker des Konfuzianismus studieren und auswendig lernen. Von jeder Verwaltungsebene bestehen nur wenige Kandidaten die Prüfung. Wer das Examen geschafft hat, sichert sich dadurch eine gut bezahlte Stellung in der Kommunal-, Provinz- oder Palastverwaltung.

Der Beamtenadel der „tausend Familien“ jedoch, die alle wichtigen Posten im Reich in der Hand hat, fällt in der Spätzeit der Han jedoch vielfach Palastintrigen, Vetternwirtschaft und Korruption zum Opfer.

? Schon gewusst?

Im Jahr 105 wird von dem kaiserlichen Verwalter Tsai Lun das Papier erfunden. Er stellt fest, dass sich bei der Verarbeitung von Maulbeerkokons auf den Matten ein fester Film bildet. Also zerstampft er gekochten Maulbeerbast mit Hanf und Lumpen in Wasser, schöpft den Brei auf Bastmatten und legt das Ganze zum Trocknen aus. In der Folgezeit achten die chinesischen Herrscher sorgfältig darauf, dass das Geheimnis der Papierherstellung nicht über die Reichsgrenzen dringt. Erst 1144 wird in Spanien das erste europäische Papier hergestellt.

Kunst und Musik

Unter der Han-Dynastie setzt auch wieder eine kulturelle Blütezeit ein. Erstmals kommt es zu einem kulturellen Austausch mit den Nachbarländern. Dabei spielen die staatlichen Manufakturen für die begehrten Seidenstoffe und Lackarbeiten eine große Rolle. Auch die Porzellanherstellung wird perfektionisiert.

Im Gegensatz zur breiten Masse des Volkes leben Kaiser und Hofstaat in der Han-Zeit in legendärem Luxus. Ein Abbild davon sind die Grabbeigaben, die in dieser Zeit immer prächtiger werden. Ähnlich wie im alten Ägypten, bemüht man sich, hochgestellten Toten alles ins Jenseits mitzugeben, was ihr Leben dort angenehm machen kann. Zu den prachtvollsten Kunstschätzen gehören die Totenkostüme aus Tausenden von Jadeplättchen, die den Körper wie einen engen Panzer umgeben. Doch sie haben keinerlei militärische Bedeutung, wie das Kostüm der Prinzessin Tou Wa von Zhongshan (2. Jh. n. Chr.) beweist. Statt dessen soll die Jade das ewige Leben garantieren. Man schätzt, dass es etwa zehn Jahre dauert, so ein Gewand anzuferti-

Modell eines Hauses aus Terrakotta

! Exportschlager Seide

Ende des 2. Jh. v. Chr. unternehmen die Chinesen die erste offizielle Expedition in den Westen. Sie führt sie bis ins persische Partherreich. Der Handel mit China bringt die Parther auch in den Genuss der begehrten chinesischen Seide. 53 v. Chr., so erzählen die antiken Schriftsteller, hätten die Parther bei der Schlacht von Carrhae so glitzernd bunte Seidenbanner bei sich gehabt, dass sie die Römer damit in Schrecken versetzten. In der Folgezeit werden die Stoffe ein so begehrtes Handelsgut im römischen Reich, dass der Senat im Jahr 16 die Verwendung nur noch dem Kaiser erlaubt. Die eigene Seidenherstellung gelang erst unter Justinian (482–565).

Flachrelief mit Tanz- und Küchenszenen

gen. Bisher wurden rund 40 solcher Gewänder gefunden, das prächtigste stammt von Tou Was Gemahl Liu Sheng. Überhaupt erfreut sich die Jadeschnitzerei in der Han-Zeit großer Beliebtheit.

Die Bronzearbeiten dagegen erreichen nicht mehr das Niveau der Chou-Zeit. Außerdem wird Kupfer zunehmend für die Herstellung von Münzen gebraucht, sodass **Kaiser Wen** (179–157 v. Chr.) sogar ein Verbot erlässt, Alltagsgegenstände aus Bronze zu fertigen. Dafür wird Silber als neues Material für die Schmuckherstellung entdeckt. Allerdings erlangen weder Silber noch Gold in China die Bedeutung wie in anderen Reichen. In den Grabkammern, auf Lackarbeiten und einigen wenigen erhaltenen Seidenstoffen finden sich auch die ersten Zeugnisse der chinesischen Malerei. Gerade die Wandbilder zeigen oft Alltagsszenen.

? Schon gewusst?

Da man in China vorwiegend mit Holz baut, sind kaum Bauwerke der frühen Geschichte erhalten. Doch die Terrakotta-Miniaturen aus den Gräbern, die Residenzen, Pavillons, Gutshöfe und Getreidespeicher darstellen, vermitteln einen guten Eindruck der kunstvollen chinesischen Architektur. Charakteristisch ist die offene Bauweise mit den vielen überstehenden Dächern.

Hofszene, bemalter Ziegelstein

Auch die Musik erlebt unter den Han-Kaisern eine Renaissance, nachdem Shih Huang-ti unzählige Musikinstrumente und musikalische Schriften zerstören lässt. Ganz im konfuzianischen Sinn hat reine Unterhaltungsmusik aber ein geringes Ansehen. Vielmehr soll der Klang der Musik die kosmischen Harmonien positiv beeinflussen. Jeder erste Kaiser einer Dynastie muss die richtige Tonhöhe für die kommende Regentschaft herausfinden.

Unter den Han wird ein Musikministerium eingerichtet, das nicht nur für die Organisation musikalischer Veranstaltungen zuständig ist, sondern auch Musikstücke, vor allem Volksballaden aus allen Teilen des Reiches, sammeln soll. **Kaiser Mingdi** (58–75) besitzt sogar drei Orchester mit zusammen 800 Hofmusikern. Eines ist für religiöse Zwecke bestimmt, eines für Militärmusik und eines für die Frauengemächer. Beliebte Instrumente sind vor allem die Glockenspiele, aber auch Zithern, Flöten, Trommeln und Gongs sowie die Scheng, eine Art Mundorgel. In den Gräbern hat man ganze Orchester aus bemalten Holzfiguren gefunden.

Die Levante

Die frühen Hochkulturen entwickeln sich entlang der Flüsse. Erst als sich schon ein internationaler Handel gebildet hat, können die Küstenbewohner im östlichen Mittelmeer Kapital aus ihrer strategisch günstigen Lage ziehen. Plötzlich werden auch relativ kleine Völker mächtig, wenn sie nur über gute Schiffe und wichtige Handelsknotenpunkte verfügen. Die Seefahrernationen wirbeln das Gefüge der großen Landmächte zunehmend durcheinander.

Ruinen von Karthago

Grundzüge der Geschichte der Levante

Anatolien, Syrien und Palästina sind schon in der frühen Geschichte ein begehrtes Siedlungsgebiet. Hier finden sich die ältesten Städte der Welt wie Jericho aus dem 9. oder Catal Hüyük aus dem 7. Jt. v. Chr. Es kommt jedoch nie zu größeren, organisierten Zusammenschlüssen, aus denen dann Staaten hervorgehen, wie an den großen Flüssen. Statt dessen ziehen immer wieder neue Stämme durch diese Gebiete, lassen sich nieder oder weichen dem Druck Stärkerer.

Direkt an der Küste jedoch, geschützt durch das Libanongebirge im Rücken, bilden sich im 6. Jt. v. Chr. relativ stabile, kanaanitische Siedlungen, die beginnen, Küstenschifffahrt und Handel zu betreiben. Mitte des 4. Jt. v. Chr. ist Byblos schon wichtiger Lieferant von Hölzern und Harzen für Ägypten geworden. In seinen Tempeln und Königsgräbern finden sich viele Geschenke der Pharaonen.

Mit dem Reich von Akkad beginnt der mesopotamische Einfluss auf die **phönizischen Städte**. Doch trotz Tributzahlungen an wech-

> **? Schon gewusst?**
>
> Den Begriff Levante bringen die Römer für die Teile des Mittelmeers auf, die östlich von Italien liegen.

! Troja

Die sagenumwobene Stadt ist wohl von Luwern bewohnt, einem anatolischen Stamm, dessen Sprache sehr eng mit dem Hethitischen verwandt ist. Die Trojaner werden durch einen regen Handel mit Mykene reich und bewahren lange ihre Selbstständigkeit. Um 1280 v. Chr. schließt der Herrscher Alaksandu jedoch einen Vasallenvertrag mit dem Hethiterkönig. Da Alaksandu intern umstritten ist, müssen die Hethiter ihm und seinem Enkel Walmu mehrfach den Thron mit Waffengewalt sichern.
Zerstört wird Troja wohl zu Beginn des 12. Jh. v. Chr. durch die Mykener. **Homer** beschreibt in seiner *Illias* viele Details, die aus der mykenischen, nicht aus der späteren, griechischen Kultur stammen, z. B. die Streitwagen, das Essen im Sitzen, nicht im Liegen, und die flachen Schiffe, die bei Gegenwind nicht segeln können.

Ruinen von Troja

selnde Oberherren werden sie immer reicher.

In der Ägäis entwickelt sich ab 2000 v. Chr. auf **Kreta** eine überaus friedliche Hochkultur, die ebenfalls Seehandel treibt und vor allem Beziehungen zu Ägypten unterhält. Sie wird um 1450 v. Chr. von den benachbarten **Mykenern** zerstört, deren Kultur wiederum um 1100 v. Chr. den einwandernden Dorern und Ioniern zum Opfer fällt.

Die **Hethiter** wandern Mitte bis Ende des 3. Jt. v. Chr. von der Gegend um das Kaspische Meer nach Anatolien. Im 16. Jh. v. Chr. haben sie ein mächtiges Reich gegründet, das mit schnellen Überfällen per Streitwagen zum Schrecken aller umliegenden Territorien wird.

Ab dem 14. Jh. v. Chr. rivalisiert das Reich mit den Ägyptern um die Oberherrschaft über die kleinen Fürstentümer und Stammesgebiete in Syrien und Palästina.

Um 1200 v. Chr. zerstört der Angriff der **Seevölker** das Hethiterreich und schwächt Ägypten. Damit beginnt die Blütezeit der phönizischen Staaten, die im ganzen Mittelmeer Kolonien gründen. Außerdem gründet König **David** (gest. um 963 v. Chr.) das erste große Reich im syrisch-palästinensischen Gebiet.

Im 8. Jh. v. Chr. werden Syrien und Palästina durch die Assyrer erobert. Die phönizischen Städte können re-

Die Seevölker

Zwischen 1200 und 700 v. Chr. kommt es im östlichen Mittelmeerraum zu einer Völkerwanderung, die vermutlich auf dem Balkan durch die **Illyrer** und in den Karpaten durch die **Thraker** ausgelöst wird und sehr viele Stämme in Bewegung bringt. Den irreführenden Begriff „Seevölker" führen die Ägypter ein, die per Schiff angegriffen werden. Das Hethiterreich dagegen zerstören **Phryger** und **Myser** wohl hauptsächlich zu Lande. Wer alles zu den „Seevölkern" gehört, ist noch unklar, ganz sicher aber die in der Bibel erwähnten **Philister**, ein Zweig der Illyrer, die sich im 11. Jh. v. Chr. zwischen Gaza und Akka niederlassen und den Israeliten heftige Kämpfe liefern.

lativ unbehelligt weiter existieren, verlieren ihre Vormachtstellung im Mittelmeerhandel aber allmählich an Griechenland. **Israel** dagegen wird 732 v. Chr. von den Assyrern zerstört. Das Königreich **Juda** fällt um 587 v. Chr. schließlich den Rivalitäten von Nebukadnezar II. mit dem ägyptischen Pharao Necho zum Opfer.

Juda und Israel

Das Königreich Israel und Juda zählt zwar nicht zu den Hochkulturen, erlebt unter seinen Königen David und **Salomo** (um 965 – um 926 v. Chr.) aber eine kurze, glanzvolle Epoche und ist natürlich durch die Erzählungen des Alten Testamentes besonders bekannt.

Die Vorfahren der Israeliten sind Nomaden der aramäischen Sprachfamilie. Die ersten von ihnen wandern wohl um 1500 v. Chr. nach Palästina ein. Andere weichen – vermutlich wegen einer Dürre – nach Ägypten aus und ziehen von dort um 1250 v. Chr. nach Palästina. Die isolierten kanaanitischen Stadtstaaten können sie relativ leicht besiegen.

Um 1080 v. Chr. vereinigen sie sich unter König **Saul** gegen die Philister. Sein Schwiegersohn David ist zunächst Statthalter der Philister in Hebron. Gegen 1000 v. Chr. beginnt er aber einen Aufstand gegen die Philister, erobert Jerusalem, die Hauptstadt der kanaanäischen Jebusiter, und vereinigt das Nordreich Israel mit dem Südreich Juda.

Sein Sohn Salomon gilt als Kaufmann auf dem Königsthron, der die Kontrolle über einige der wichtigsten Handelswege im Nahen Osten gewinnt und so als Beschützer und Förderer des Handels auftreten kann. Seinen großen Reichtum verwendet er unter anderem für den Bau eines glanzvollen Tempels. Der befreundete Phönizierkönig **Hiram von Tyros** liefert – gegen gute Bezahlung – Zedernholz, Zimmerleute und Steinmetze dafür.

Schon gewusst?

In Wahrheit besucht die **Königin von Saba** Salomon wohl nicht wegen seiner Weisheit, sondern weil der die Kontrolle über die **Weihrauchstraße** erlangt, die von Saba im heutigen Jemen in den Nahen Osten führt. Die Herrscher von Saba werden zwar durch den Handel mit Weihrauch und Gewürzen reich, haben aber nicht die Macht, ihre Karawanenwege zu kontrollieren und zahlen deshalb Tribut für fremden Schutz.

Nach Salomons Tod zerfällt das Reich wieder in die beiden Teile Juda und Israel. Nachdem das größere Israel durch die Assyrer erobert wird, kommt es in Juda zu einer extremen Abschottungspolitik. Der Fall Israels wird als Strafe Gottes angesehen, weil man den vielen dort lebenden Ausländern, vor allem den phönizischen Königsgattinnen, ihre fremden Kulte erlaubt. Erst jetzt wird aus dem „eifersüchtigen" Gott Jahwe, der keine Verehrung anderer Götter neben sich duldet, der alleinige Gott, außer dem keine anderen Götter existieren. Die babylonische Gefangenschaft unter Nebukadnezar II. stärkt diese Vorstellung einer persönlichen Beziehung zwischen Gott und seinem „auserwählten Volk" weiter.

Die Phönizier

Wie die sumerischen Stadtstaaten sind auch die phönizischen Küstenstädte trotz gemeinsamer Kultur politisch unabhängig voneinander. Die wichtigsten sind Byblos, Tyros, Sidon, Beirut, Ugarit und Arwad.

Im Großen und Ganzen gelingt es den phönizischen Städten während ihrer ganzen Geschichte, die wechselnden politischen Abhängigkeiten von verschiedenen Großmächten unbeschadet zu überstehen. Obwohl sie zum Teil hohe Tribute zahlen müssen, können sie ihren eigenen Reichtum mehren. Weil sie selbst keine Seefahrer und auf das phönizische Know-how angewiesen sind, greifen die babylonischen, assyrischen, ägyptischen, persischen und sonstigen Herren kaum in die politischen Strukturen ein.

Ugarit jedoch wird durch die Seevölker vernichtet und nicht mehr aufgebaut, **Sidon** zweimal (11. und 7. Jh. v. Chr.) von assyrischen Königen zerstört. Tyros fällt schließlich Alexander d. Gr. zum Opfer.

Ihre Blütezeit erleben die Städte vom 12. bis ins 8. Jh. v. Chr. Die

Ruinen von Karthago

einstigen Tributherren werden durch die Seevölker ausgeschaltet, die ebenfalls seetüchtige Konkurrenz aus der Ägäis durch die Einwanderung der dorischen und ionischen Stämme zerstört, die Philister von David besiegt.

Die phönizischen Staaten gründen jetzt einen Bund, dessen Führung Tyros übernimmt. Ab Mitte des 9. Jh. v. Chr. beginnen die Städte an allen Küsten des Mittelmeeres Kolonien zu gründen die wichtigsten sind das heutige Palermo, Cadiz und Lissabon sowie das damalige Karthago. All diese Städte verstehen sich nur als Handelsstützpunkte. Es gibt keinerlei Versuche, das Umland zu erobern oder von der eigenen Kultur zu überzeugen. Vor allem, nachdem der Druck der assyrischen Könige auf die Städte zunimmt, wandern viele Bewohner in diese Kolonien aus, die sich mehr und mehr verselbstständigen.

Im 8. Jh. v. Chr. werden die Griechen zur bedeutenden Handelsmacht im Mittelmeer. Die phönizischen Städte verlieren ihre Vormachtstellung, bleiben aber wichtige Umschlagplätze.

Händler und Seefahrer

Lange Zeit betreiben auch die Phönizier mit ihren relativ flachen Booten nur Küstenschifffahrt. Ende des 2. Jt. v. Chr. jedoch bauen sie seetüchtige Boote. Diese haben einen Kiel und einen hohen Bord. Die Ruderer sitzen in zwei Reihen übereinander mit dem Rücken zur Fahrtrichtung. Die Ruder werden auf Rollen geführt.

! Entdeckungen in Afrika

Angeblich beauftragt der ägyptische Pharao Necho II. um 600 v. Chr. phönizische Seeleute, Afrika zu umfahren. Sie sind wohl drei Jahre unterwegs. Jedes Frühjahr suchen sie sich Land, säen Korn aus, warten die Ernte ab und fahren weiter. Die afrikanische Westküste wird von dem Karthager Hanno (um 530 – um 470 v. Chr.) erforscht. Man nimmt an, dass ihn seine Reise bis ins heutige Sierra Leone führt und er die Flüsse Senegal und Gambia befährt. Auch Madeira und die Kanaren werden von den Phöniziern entdeckt.

Gegen Angriffe sind die Schiffe mit Schildern und Rammsporn ausgerüstet. Vor allem aber achten die Phönizier auf Schnelligkeit. Sie verlegen ihren Handel mehr und mehr auf teure Luxusprodukte, die wenig wiegen.
Die Phönizier haben nicht nur die besten Schiffe, sondern auch ein Monopol auf zwei begehrte Handelswaren. Das eine sind Purpurstoffe, die mit den Sekreten einer Meeresschnecke gefärbt werden, die an ihren Stränden massenhaft vorkommt.

? Schon gewusst?

Die Phönizier selber nennen sich Kanaaniter. Kanaan bedeutet „Purpurland“. Phönizien ist eine griechische Übersetzung davon.

Das andere sind klare Glaswaren. Das Glas haben die Ägypter erfunden, jedoch erst die Phönizier finden ein Rezept für farblose Gläser. Außerdem entwickeln sie die Glasbläserpfeife, die eine Massenproduktion erlaubt.
Darüber hinaus sind die Städte der Hauptumschlagplatz für die begehrten Duftstoffe und Harze; sie können das begehrte libanesische Zedernholz liefern und wagen sich im 1. Jt. v. Chr. sogar auf den Atlantik, um aus den reichen Minen Cornwalls das rare Zinn zu holen, das für die Bronzeherstellung nötig ist.

? Schon gewusst?

In ihren Methoden sind die Phönizier nicht zimperlich. Sie zerstören schon einmal eine Stadt, die ihren eigenen Kolonien im Weg ist, oder locken die Bevölkerung armer Gegenden wie Malta auf ihre Schiffe, um die Männer als Ruderer zu kidnappen und die Frauen auf dem Sklavenmarkt zu verkaufen.

Kultur und Gesellschaft

Die phönizischen Städte sind reich und multikulturell. Hier leben Angehörige von allen Völkern des Nahen Ostens, aber auch Kreter und Zyprioten.
Die Häuser der großen Handelsherren haben Wohnungen mit Bädern und Toiletten, die an die Kanalisation angeschlossen sind.
Die Phönizier sind aber nicht nur Händler, sondern auch bedeutende Handwerker. Sie gelten als die besten Elfenbeinschnitzer. Ihre Arbeiten werden in assyrischen Palästen, griechischen Tempeln und germanischen Fürstengräbern gefunden. Die phönizischen Goldschmiede sind in der Lage, mit dünnem Golddraht ausgefallene Zähne wieder im Kiefer zu fixieren.

Ihre vielleicht größte kulturelle Leistung aber ist ein **Konsonantenalphabet** aus 20 Buchstaben, in dem zum ersten Mal Zeichen nicht für Wörter oder Silben, sondern für einzelne Laute stehen. Auf diesem beruhen das römische, griechische, hebräische, arabische, persische, indische und viele weiter Alphabete.

! Opfer für Moloch?

Phönizier und Israeliten haben lange Zeit ein ausgesprochen positives Verhältnis. Doch je stärker die Verehrung der Israeliten für ihren einen Gott wird, desto mehr ist ihnen der bunte phönizische Götterhimmel ein Gräuel. Die Phönizier würden ihre Kinder massenweise dem Moloch opfern, einem eisernen Götterbild, in dessen Innerem sie lebendig verbrannt werden, behaupten sie. Einen Gott Moloch jedoch gibt es nicht. Allerdings heißt „molk“ auf phönizisch Opfer, und Menschen-, auch Kinderopfer, sind tatsächlich üblich. Vor allem in Karthago findet man Tausende von verbrannten Kinderknochen.

Die Hethiter

Die Vorfahren der Hethiter kommen als Siedler nach Anatolien und vermischen sich dort wohl schnell mit dem einheimischen Stamm der Chattier, deren Namen sie annehmen. Anfang des 2. Jt. v. Chr. brechen im anatolischen Hochland Kämpfe zwischen den verschiedenen Stämmen aus, in deren Verlauf die Hethiter immer mächtiger werden.

Ihr König **Hattusili I.** (reg. um 1590–1560 v. Chr.) erobert ein Großreich, das bis nach Aleppo reicht, verliert es wieder und gewinnt es erneut zurück. Besonders stolz ist er, dass er im Rahmen seiner Feldzüge den Euphrat überschreitet. Sein Enkel **Mursili I.** (reg. um 1560–1531 v. Chr.) erobert Babylon in einem Überraschungsangriff, wie er für die Hethiter typisch ist.

Mit ihren schnellen Streitwagen sind sie allen anderen Völkern überlegen. Sie tauchen plötzlich irgendwo auf, schlagen zu und sind wieder verschwunden. Das bringt ihnen den Ruf ein, die fürchterlichsten Plünderer und Brandschatzer zu sein.

Intern schwächen sie sich mit Bruder- und Vatermorden im Königshaus, bis **Telepinu I.** (reg. um 1500–1475 v. Chr.) versucht, einen neuen Stil einzuführen. Er fordert auf, aus der Geschichte zu lernen, und legt als erster Herrscher Vorschriften bezüglich Thronfolge und Befugnissen des Königs schriftlich nieder. Darin gesteht er dem Adelsrat (Panku) das Recht zu, den König zu töten, wenn dieser sich des dynastischen Mordes schuldig macht. Die Todesstrafe wird weitgehend abgeschafft, die Sippenhaftung explizit ausgeschlossen.

Auch in der Außenpolitik geht Telepinu maßvoll vor und beschränkt sich auf einige Eroberungen, die er auch halten kann.

Unter seinen Nachfolgern kommt es wieder zu dynastischen Morden. Außerdem wird das Reich durch Nomadenangriffe geschwächt. 1370 v. Chr. kommt **Suppiluliuma I.** an die Macht (reg. bis 1335 v. Chr.) – nachdem er seinen Bruder umgebracht hat. Allerdings hätten der ganze Hof und das Militär an seiner Seite gestanden, behauptet er in seiner Rechtfertigung.

? Schon gewusst?

Die hethitischen Könige hinterlassen umfangreiche Schriften, in denen sie sich für ihre Amtsführung und ihre Taten rechtfertigen. Da die Adressaten dieser Schriftstücke die Götter sind und man Götter nicht belügen kann, sind diese Dokumente erstaunlich ehrlich.

Suppiluliuma stellt die Zentralgewalt im Inneren wieder her, macht Mitanni zum Vasallenstaat und besetzt die syrischen Fürstentümer. Sein Sohn **Mursili II.** (reg. um 1335–1295 v. Chr.), der bei der Thronbesteigung so jung ist, dass er allgemein verspottet wird, erobert die Länder der Achäer an

Ephesos

der anatolischen Westküste (Milet, Ephesos, Pergamon) und beginnt einen intensiven kulturellen Austausch mit dem ägäischen Raum.

Mursilis Sohn **Muwatalli II.** (reg. um 1295–1282 v. Chr.) sieht eine Konfrontation mit Ägypten heraufziehen und verlegt seine Hauptstadt vom zentralanatolischen **Hattusa** in den Süden nach **Tarhuntassa**. Als Ramses II. beginnt, die syrischen Vasallenstaaten der Ägypter zu erobern, zieht er ihm mit 3500 Streitwagen und 37.000 Fußsoldaten entgegen. Vermutlich ist Muwatalli 1274 v. Chr. in der berühmten Schlacht bei **Kadesch** in der stärkeren Position. Er bietet Ramses aber einen ehrenvollen Rückzug an, weil er kein Interesse daran hat, mehr als den Status Quo wieder herzustellen.

Die Pestgebete des Königs

Während Mursili II. regiert, wütet 20 Jahre lang eine Seuche in Anatolien. Mursili richtet viele verzweifelte Gebete an die Götter, in denen er sogar die Sünden seiner Väter eingesteht und den Göttern klar macht, dass ihnen niemand mehr opfern kann, wenn alle sterben. Die Gebete werden oft mit dem biblischen Buch Hiob verglichen und gehören zur bedeutendsten frühgeschichtlichen Literatur. Allerdings lässt Mursili auch 100.000 Gefangene nach Anatolien bringen, um das Land wieder zu bevölkern.

15 Jahre später schließen Ramses und der neue Hethiterkönig **Hattusili III.** (reg. 1282–1250 v. Chr.) den ersten völkerrechtlichen Vertrag der Welt. Eine Kopie davon hängt heute im UN-Hauptgebäude von New York. Die beiden Staaten verpflichten sich zu gegenseitigem Beistand bei Angriffen Dritter. Plünderungen werden verboten. Politische Flüchtlinge aus dem jeweils anderen Land sollen zwar zurückgeschickt werden, dürfen in der Heimat aber nicht verfolgt werden. Außerdem vereinbaren Hattusili und Ramses einen Austausch von Spezialisten wie Ärzten, Bewässerungsexperten oder Baumeistern. Die Söhne des Adels sollen das Partnerland als Pagen am Hof kennen lernen.

Hattusilis Nachfolger haben zunehmend Probleme mit unruhigen Nomadenvölkern. Außerdem kommt es zu inneren Unruhen und Streitigkeiten um die Thronfolge. Der Adel beginnt, gegen die Autorität des Königs zu rebellieren. Der Handel bricht ein. Die lebenswichtigen Güter wie Getreide und Zinn werden knapp. Vermutlich gab es auch noch Missernten wegen Klimaschwankungen. Eine Hungersnot kann nur verhindert werden, weil Ramses' Sohn Merenptah große Getreidemengen an die Hethiter schickt.

Um 1200 v. Chr. reißen die hethitischen Überlieferungen schlagartig ab. In Anatolien entstehen lauter Fürstentümer, in denen sich viele Zuwanderer wie die Phryger und Myser ansiedeln.

Gesellschaftsordnung und Militär

Die Hethiter haben ein Lehenssystem, das auf gegenseitigen Verpflichtungen von König und Adel bzw. Fürsten und Bauern beruht. Eine Sklaverei gibt es nicht, eher eine Art Hörigkeit. Ein Unfreier darf Eigentum haben, Geschäfte machen, ohne Erlaubnis heiraten und braucht keinen Vormund vor Gericht. Auch Ehen zwischen Freien und Unfreien scheinen kein Problem zu sein.

Hethitischer Streitwagen (Relief)

Frauen sind bei den Hethitern voll geschäftsfähig. Ehepaare gründen in der Regel einen eigenen Hausstand und leben nicht in der Großfamilie. Bei Scheidungen werden Kinder und Vermögen aufgeteilt. Im Zweifelsfall nimmt der Partner mehr Kinder, der sie besser versorgen kann.

Der König regiert zusammen mit einem Adelsrat, dem Panku, der z. B. den vorgeschlagenen Thronfolger ablehnen darf. Auch die Königin (**Tarwenna**) hat einen Sitz im Panku und ist an der Regierung beteiligt.

? Schon gewusst?

Das Amt der Tarwenna endet nicht mit dem Tod ihres Mannes, sondern mit ihrem eigenen, sodass manche (Stief-) Schwiegertochter sehr lange warten muss, bis sie selbst Tarwenna wird. Puduhepa, die Frau von Hattusili III. führt eigenständige Verhandlungen mit Ramses II.

Die Adeligen bilden das Herzstück des hethitischen Heeres, das berüchtigte Streitwagenkorps. Die Wagen sind mit drei Mann besetzt: einem Lenker, einem Verteidiger mit Schild und Lanze und einem Kämpfer mit Pfeil und Bogen. Sie agieren nicht nur viel schneller und effizienter als alle anderen Heere, sondern sind auch taktisch weit besser geschult. Das hethitische Heer beherrscht Scheinmanöver und blitzartige Wechsel der Kampfaufstellung. Außerdem überrascht es seine Gegner immer wieder durch Nachtmärsche über große Entfernungen. Selbst die Pferde für die Streitwagen bekommen eine Ausbildung von drei bis vier Jahren.

Das bringt den Hethitern zunächst den Ruf wilder Plünderer ein, im 14. und 13. Jh. v. Chr. dagegen beugen sich die syrischen Kleinstaaten lieber den Hethitern als den Ägyptern oder anderen Großmächten. Erstens bieten sie wirksamen Schutz, zweitens behandeln die Hethiter ihre Vasallen in der Regel gut. Die Könige dürfen ihren Thron behalten. Auch Gesetzgebung, Religion, Sprache und nationale Gebräuche werden nicht angetastet. Nur die Außenpolitik muss sich unterordnen.

Das Rechtswesen

Durch Telepinu haben die Hethiter vermutlich das modernste

Recht der ganzen frühen Geschichte bekommen. Es gibt keine Verstümmelungen. Die Todesstrafe wird nur bei wenigen Delikten wie Meuterei gegen die Autorität des Königs oder Sodomie verhängt und darf zudem nur vom König persönlich ausgesprochen werden. Niemand darf dorthin ausgeliefert werden, wo ihm die Todesstrafe droht. Zwischen Mord, Totschlag, schwerer und leichter fahrlässiger Tötung wird genau unterschieden. Wer einen Menschen totschlägt, muss vier Ersatzleute stellen, die dessen Arbeit tun – notfalls sich selbst und seine Familie. Wer eine Körperverletzung begeht, hat den Verletzten zu pflegen, den Arzt zu entlohnen und ein Schmerzensgeld zu bezahlen. Wer ein Unglück verschuldet, hat dem Opfer einfachen Schadensersatz zu leisten, ein Dieb dagegen muss mehr zahlen.

Die Angehörigen von Ermordeten oder gehörnte Ehemänner können vom König die Todesstrafe für die Täter fordern. Er muss dem jedoch nicht nachgehen. Sind die Geschädigten aber mit einem finanziellen Ausgleich zufrieden, hat der König kein Recht, die Strafe zu verschärfen.

Ein Richter darf nicht mal Brot oder Bier annehmen, sonst gilt er als bestechlich. Prozesse werden mit zahllosen Zeugen, einer langen Beweisführung und genauem Protokoll geführt. Männer und Frauen werden weitgehend gleich behandelt. Unfreie bekommen als Opfer weniger Entschädigung, müssen als Täter aber auch weniger bezahlen.

Kultur und Technik

Das kulturelle Leben der Hethiter ist durch viele religiöse Feste bestimmt. Die Hethiter sehen sich in einer Art Lehensverhältnis zu ihren Göttern. Sie sind zwar abhängig von ihnen, andererseits sind auch die Götter auf die Opfer und Gaben der Menschen angewiesen.

Nach dem Motto „Viel hilft viel“ sind die Hethiter eifrig bemüht, sämtliche Gottheiten der unterworfenen Völker in den Kult zu integrieren. Da König und Königin als Oberpriester eine wichtige Rolle spielen, müssen sie sich einer regen Reisetätigkeit von einem religiösen Fest zum nächsten unterziehen. Die meisten werden mehrere Tage mit Gelagen, Umzügen

Bronzefigur eines Stieres

und Theateraufführungen begangen.

Hethitische Lebensweisheit

„Wenn die Kraft der Jugend in deinem Herzen ist", riet Hattusili I. seinem Enkel Mursili, „iss zwei- bis dreimal am Tag und pflege dich gut. Doch wenn das Alter in deinem Herzen ist, dann trinke, bis du trunken bist und schlag den Rat deines Vaters in den Wind!"

Teilweise sind nicht einmal die Namen der Götter, sondern nur ihre Herkunft bekannt. So gibt es den Wettergott von Sarissa oder die Sonnengöttin von Arinna, die oberste Reichsgöttin ist. Später versucht man, die wichtigsten Kulte in Hattusa anzusiedeln.

Schon gewusst?

Die Hethiter achten darauf, jeden Gott in seiner Heimatsprache anzusprechen und ihm den Kult zu bieten, den er gewohnt ist.

Die Kunst der Hethiter ist eher unspektakulär. Charakteristisch sind Gefäße für Trankopfer in Tierform, z. B. ein Paar niedlicher Himmelsstiere, die sehr nett, heiter und schnörkellos modern wirken. Ansonsten wird vieles von den Babyloniern übernommen.

Großartig ist jedoch die Hauptstadt Hattusa, die auf extrem schwierigem Gelände mit steilen Schluchten gebaut ist. Teilweise müssen die Fundamente der Mauern mit den Felsen verdübelt werden.

Die imposanten Tore werden von Löwen und Sphinx-Statuen bewacht. Im Archiv der Stadt werden 200.000 Keilschrifttafeln gefunden. Die Häuser der Oberschicht haben Wasserleitungen und Badewannen. Außerdem gibt es in der Stadt Wasserzapfstellen und ein Abwassersystem.

In der zweiten Hälfte des 2. Jt. v. Chr. finden die Hethiter als erstes Volk im Nahen Osten heraus, wie man hochwertige Eisenwaren herstellt. Andere Fürsten betteln

Schon gewusst?

Die Hethiter haben große Erdsilos, in denen bis zu 8000 Kubikmeter Getreide eingelagert werden können. Damit lassen sich 25.000 Menschen ein Jahr ernähren. In den versiegelten Gruben beginnt das Korn an den Rändern zu keimen, verbraucht dabei den restlichen Sauerstoff und setzt Kohlendioxid frei, das alle weiteren biologischen Prozesse stoppt.

beim hethitischen König immer wieder um gutes Eisen – genauso wie der ägyptische Pharao von seinen Kollegen ständig um immer neue Goldlieferungen angegangen wird.
Aus dem neuen Metall können bessere Werkzeuge, Pflugscharen und stabile Radreifen gefertigt werden. Eisenwaffen spielen vermutlich zunächst eine eher untergeordnete Rolle.

Die Minoer

Im Jahr 1900 gräbt der britische Archäologe **Arthur Evans** (1851–1941) auf Kreta nach so genannten Milchsteinen, historischen Amuletten mit hieroglyphenartigen Zeichen, die einheimische Frauen um den Hals tragen, um eine Vermehrung ihrer Muttermilch zu beschwören.

Palast von Knossos

Fürst der Lilien, Fresko im Palast von Knossos

Er findet ein bronzezeitliches Bauwerk mit nahezu 1200 Räumen: den Palast von Knossos. Die Größe der Anlage und die Heiterkeit der vielen bunten Fresken an den Wänden stoßen überall in der Fachwelt auf Begeisterung. Es wird klar, dass Evans hier eine Kultur entdeckt hat, von deren Existenz man bis dahin keine Ahnung hatte.
Das Problem mit der minoischen Kultur ist, dass bis heute nicht viel mehr als Paläste und Kunstgegenstände gefunden worden sind. Die Minoer haben zwar eine Schrift,

? Schon gewusst?

Eine griechische Sage erzählt, dass die Athener dem kretischen König **Minos** jedes Jahr 14 Jungen und Mädchen schicken müssen, die dem **Minotaurus** geopfert werden – einem Ungeheuer, halb Mensch, halb Stier, das in einem Labyrinth lebt. Da der Palast von Knossos eine schier unübersichtliche, verwinkelte Anlage ist und zudem viele Stierabbildungen gefunden werden, glaubt Evans das sagenhafte Labyrinth entdeckt zu haben und nennt die neu entdeckte Kultur minoisch.

doch die ältere Variante, die **Linear A**, genannt wird, konnte noch nicht entziffert werden. Um 1500 v. Chr. wird sie durch **Linear B** ersetzt, eine Frühform des Griechischen. Doch alle Linear-B-Dokumente stellen Aufzeichnungen aus der Verwaltung dar, Lieferbescheinigungen, Abgabenlisten usw.

Ähnlich wie im frühen Indien sind keine Königsnamen, keine historischen Daten, keine Literatur, nicht einmal Bilder von politischen Ereignissen, Porträts oder wieder erkennbaren Göttern bekannt.

Die Blütezeit der minoischen Kultur wird in zwei Phasen unterteilt: die **erste Palastzeit** von 2000–1700 v. Chr. und die **zweite Palastzeit** von 1570–1425 v. Chr.

In der ersten Periode entstehen große Paläste in Knossos, Phaistos und Mallia. Tempel gibt es nicht. Die Götter werden möglicherweise auf Berggipfeln verehrt. Man scheint einen jugendlichen Vegetationsgott angebetet zu haben, der im Herbst stirbt und im Frühjahr wiedergeboren wird. Am Ende der Ära werden die Paläste zerstört, vielleicht durch einen Aufstand der kretischen Bevölkerung, möglicherweise aber durch Erdbeben.

In der zweiten Periode werden die Paläste wieder aufgebaut, vor allem das prächtige, von Evans gefundene Labyrinth in Knossos. Die Kreter haben jetzt Stützpunkte auf Rhodos und in Kleinasien. Sie treiben Handel mit Ägypten. Kretische Gesandte werden vom Pharao empfangen. Es scheint, als hätten die Kreter die Seefahrt im ägäischen Raum beherrscht. Kunstgegenstände und Paläste verraten großen Reichtum.

Die Paläste sind in mehreren Stockwerken um einen großen Innenhof angelegt. Viele kleine, dunkle Räume scheinen als Vorratslager für Lebensmittel oder Werkstätten für Handwerker zu dienen, andere sind prächtig ausgemalt und scheinen die Wohnräume der königlichen

Familie, Thronsäle oder Kultorte darzustellen.
Man nimmt deshalb an, dass diese Paläste das wirtschaftliche, religiöse und politische Zentrum bilden. Hier residiert der König, der zugleich Oberpriester ist. Hier werden alle Abgaben gesammelt, bevorratet und wieder verteilt.

! Palast oder Totenstadt?

Vieles an den Palästen auf Kreta ist rätselhaft. Die schönsten Räume befinden sich tief im Keller. Vorratsgefäße sind kaum zugänglich. Gefäße, die wie Badewannen aussehen, haben zwar einen Abfluss, würden bei einer Benutzung aber Überschwemmungen produzieren. 1970 wagt deshalb der deutsche Geologieprofessor Hans Georg Wunderlich eine Außenseiterthese: Die so genannten Paläste auf Kreta seien in Wahrheit große Totenstädte. Wie in Ägypten seien die Gräber lebensfroh ausgemalt und geplündert worden.

Am meisten erstaunt die Wissenschaftler, dass es nirgends Befestigungen gibt und auch kaum Waffen gefunden werden. Bis zum Einfall der Mykener müssen die Minoer eine vollkommen friedliche Kultur ohne Feinde gewesen sein.

! Die Mykener

Die mykenische Kultur auf dem Peloponnes, die ihre Blütezeit zwischen 1450 und 1100 v. Chr. hat, wird zwar wie die minoische zu den bronzezeitlichen ägäischen Kulturen gezählt, unterscheidet sich aber sehr von der Palastkultur auf Kreta. Die mykenischen Könige leben in großen stark befestigten Burgen. Woher sie die prachtvollen Schätze (aus dem 17. Jh. v. Chr.) haben, die Heinrich Schliemann (1822–1890) in Mykene ausgräbt, ist unklar. Möglicherweise wurden die mykenischen Fürsten über Raubzüge reich. Im 16. Jh. v. Chr. jedenfalls reißen sie den Mittelmeerhandel an sich.

Ansicht der antiken Ruinenstätte Mykene

Kunst und Kultur

Zu den schönsten Hinterlassenschaften der kretischen Kultur gehören die Fresken in den Palästen.

Sie sind leuchtend bunt und stellen vor allem heitere Menschen beim Essen und Tanzen, bei akrobatischen Spielen und religiösen Riten dar. Oft beleben Tiere wie Affen oder Vögel die Szenerie. Die minoischen Künstler arbeiten in schwungvollen Linien und können vor allem Bewegungen gut einfangen.

Stierkopf

Zu den berühmtesten Darstellungen gehören die **Stierspringerfresken**, bei denen junge Männer und Mädchen versuchen, mit akrobatischen Schwüngen und Überschlägen einem Stier zu entkommen. In einer Szene scheint eines der Mädchen von den Hörnern aufgespießt. Möglicherweise wird hier der blutige Opferritus dargestellt, auf dem die Sage vom Minotaurus beruht. Ebenfalls Kultgegenstände scheinen die **Schlangenpriesterinnen** zu sein, barbusige Damen in engen Stufenröcken, in deren hoch erhobenen Händen sich Schlangen ringeln. Die freie Brust hat möglicherweise mit einem Totenritual zu tun, denn in allen Mittelmeerkulturen ist es üblich, dass sich die Angehörigen der Toten die Kleidung zerreißen und die Brüste zerkratzen.

Schlangenpriesterin, minoische Statuette

Den kretischen Töpfern gelingt es schon im 19. und 18. Jh. v. Chr., in einem dreistufigen Brennverfahren extrem dünnwandige Gefäße herzustellen. Besonders originell bemalt sind die Keramiken des so genannten Meeresstils. So gibt es z. B. kugelförmige Gefäße mit Kraken, deren Fangarme sich um den ganzen Behälter winden.

? Schon gewusst?

Ein kretischer Exportschlager im Altertum ist der Honig. Denn während die Bienen im Winter oder während der Überschwemmungszeiten anderswo mit einem Teil ihres eigenen Honigs gefüttert werden müssen, finden sie auf Kreta das ganze Jahr Nahrung. Die kretische Stadt Candia ist deshalb Namensgeberin für kandierte Früchte, Kandiszucker und englische Candys.

Mittel- und Südamerika

Auf dem amerikanischen Kontinent entwickeln sich die ersten Hochkulturen in zwei Gebieten. Einmal im Hochland von Mexiko und zum anderen in den Anden. In diesen für die Landwirtschaft gut geeigneten Gebieten entstehen Gesellschaften, deren kulturelle Leistungen über den Fernhandel sehr weit in andere Gegenden ausstrahlen. Die erstaunlichste Zivilisation jedoch entwickeln die Maya.

Chichén Itzá

Grundzüge der mittel- und südamerikanischen Geschichte

Bereits um 2500 v. Chr. gibt es in Amerika größere Dörfer mit religiösen Zentren. Die ersten Tempel tauchen um 2000 v. Chr. auf. Typisch sind so genannte Zeremonialzentren, Städte, die nur dem religiösen Kult dienen. Vermutlich versammeln sich die Bewohner der umliegenden Region dort zu den religiösen Festen und machen auch Geschäfte. Zwischen den Zentren verschiedener Religionen kommt schon bald ein Fernhandel auf.

Die wichtigsten frühen Hochkulturen sind die **Chavín** (1200–400 v. Chr.) im Hochland von Peru, etwa 400 Kilometer östlich von Lima, und die **Olmeken** (1000–400 v. Chr.) in Mexiko. Ob sie Verbindungen haben, ist umstritten. Manche Forscher glauben sogar an eine Beeinflussung aus Asien, weil es Ähnlichkeiten mit der Kunst der chinesischen Shang gibt.

Die Chavin sind nach ihrem Zentrum, einer verschachtelten Tempelanlage in der Nähe von Chavín de Huántar benannt, die immer wieder ergänzt wird. Sie verehren Raubtiergottheiten und sind gute Goldschmiede. Scheinbar werden sie von einer sehr mächtigen Priesterschaft regiert, die vom Tribut der Bauern lebt. Sie beeinflussen viele spätere Anden-Kulturen, vor allem die **Paracas** (500–200 v. Chr.) im Süden der peruanischen Küste.

? Schon gewusst?

Auf den Reliefs von Chavín de Huántar werden Priester mit dem Peyote-Kaktus in der Hand gezeigt, dessen Saft Halluzinationen hervorruft.

Die Olmeken errichten im Hochland von Mexiko gleich mehrere Kultzentren. Das größte davon ist **La Venta**, wo sich eine 20 Meter hohe Erdpyramide in Form eines Vulkans und ein ritueller Ballspielplatz befinden. Auch sie verehren einen Jaguargott und werden von Priesterfürsten regiert. Sie haben Handelskontakte über mindestens 1500 Kilometer, eine Bilderschrift und einen Kalender. Charakteristisch für ihre Kunst sind bis zu vier Meter hohe Steinköpfe ohne Körper und babyähnliche Figuren aus Jade.

Bilderschrift der Maya

Der kulturelle Einfluss der Olmeken erstreckt sich über ganz Mittelamerika, unter anderem auf die **Maya**. Diese leben seit 1500 v. Chr. im Hochland von Guatemala. Um 800 v. Chr. wird ihre Kultur deutlich durch den Handel mit den Olmeken inspiriert. Ab 500 v. Chr. beginnen Wanderungen nach Yucatán oder an die Golfküste. Nach dem Niedergang der Olmeken werden deren Traditionen wie ihre Schrift und das Kalenderwesen fortgeführt.

Toltekische Statue

Nahe dem heutigen Mexiko-City entwickelt sich in den ersten Jahrhunderten n. Chr. mit **Teotihua-**

Terrassentempel von Teotihuacan, Mexiko

cán ein neues Zentrum. Im 5. und 6. Jh. hat der Stadtstaat wohl 100.000 Einwohner und umfasst ein Gebiet von 20 Quadratkilometern. Wahrzeichen sind eine 63 Meter hohe Sonnenpyramide und eine etwas kleinere Mondpyramide. Vor allem aber ist Teotihuacán eine wirtschaftliche Großmacht, deren Einfluss bis zu den Maya reicht.

Teotihuacán wird um 600 durch nomadische Stämme zerstört, zu denen auch die **Tolteken** gehören. Sie gründen im Hochland ei-

Quetzalcoatl

? Schon gewusst?

Gab es vor Kolumbus Kontakte zwischen Amerika und der Alten Welt? Viele Forscher halten dies für wahrscheinlich. Viele suchen ein historische Vorbild für Quetzalcoatl. Er wird in alten mexikanischen Quellen als großer, alter Mann mit langem, schwarzem Haar, Bart und ganz weißer Haut geschildert. Dass die Wikinger um 1000 in Neufundland landeten, ist heute sicher. Es gibt Spekulationen, ob ein Teil von ihnen nach Mexiko gezogen sein könnte. Auch der irische Heilige Brendan soll 551 mit mehreren Gefährten über das Meer nach Westen gesegelt sein.

ne Hauptstadt namens Tula. Ihr oberster Gott ist **Quetzalcoatl** („Die mit grünen Quetzalfedern bedeckte Schlange"). Die Tolteken sind ausgesprochen kriegerisch. Viele Reliefs zeigen Raubvögel mit Menschenherzen in den Klauen. Unter ihrem Einfluss geht in ganz Mittelamerika das Zeitalter der Priesterfürsten zu Ende. Stattdessen entstehen mächtige Kriegerkasten.

Die Maya

Die Mayas leben auf einem Gebiet von 30.000 Quadratkilometern in den heutigen Staaten Guatemala, Belize, dem Westen von Honduras und El Salvador, der Halbinsel Yucatán und den mexikanischen Bundesstaaten Tabasco und Chiapas. Die Lebensvoraussetzungen in diesem Gebiet sind sehr unterschiedlich. Die Hochlandflächen von Guatemala und Honduras sind unwegsam, der Norden von Yucatán extrem trocken und das Tiefland am Golf und im südlichen Yucatán von Urwald bedeckt.

Um 250 n. Chr. zerstört der Ausbruch des Ilopango den Osten Salvadors und Guatemalas. Einige zehntausend Mayas aus dem Hochland ziehen daraufhin in das Tiefland, wo das **Alte Reich** entsteht, dessen Blütezeit zwischen 600 und 800 n. Chr. liegt.

Mayatempel in Guatemala

? Schon gewusst?

Ab 300 n. Chr. haben die Maya eine Schrift, die aber schwer als solche zu erkennen ist. Die einzelnen Zeichen sind kleine Kunstwerke in quadratischer Form. Nebeneinander gereiht, wirken sie mit allen ihren Details mehr wie ein Comicstrip als wie Buchstaben. Es gibt sogar mehrere Varianten, ein und denselben Begriff zu schreiben.

Das Tieflandreich setzt sich aus mehreren Stadtstaaten zusammen, deren bedeutendster **Tikal** im Norden Guatemalas ist. Die erste königliche Dynastie ist dort ab 200 nachweisbar. Die anderen Städte ziehen in den nächsten 200 Jahren nach.

Mayapyramide in Tikal

Ab etwa 400 stehen die Städte unter dem wirtschaftlichen Einfluss von Teotihuacán. Vor allem die Könige sind bei ihren Kulthandlungen von Luxusprodukten wie Jadeperlen, Vogelfedern und Feuerstein abhängig. Als sich die Händler Teotihuacáns im 6. Jh. aus dem Süden zurückziehen, hören die Inschriften in den Mayastädten fast völlig auf. Erst gegen 610 setzt die Überlieferung wieder ein.

Im 8. Jh. setzt ein Verfall der Tieflandstädte ein. Er beginnt im Westen in **Palenque**. Dort hören im Jahr 780 schlagartig alle Inschriften auf, und Bauprojekte werden eingestellt. In den nächsten 100 Jahren geschieht in den

östlich gelegenen Städten das Gleiche.
Die Ursachen liegen im Dunklen. Früher glaubten die Historiker an eine große Wanderung in den Norden von Yucatán, wo Ende des 10. Jh. das **Neue Reich** der Maya entsteht. Diese These hat man mittlerweile aufgegeben. Manche Forscher glauben an einen räuberischen Durchzug der zentralmexikanischen Putun oder **Itzá**. Möglicherweise kommt es durch diese Wanderungen zu einem Zusammenbruch des Handels, der innere Unruhen und einen Sturz des Adels nach sich zieht. Die Städte könnten also weiter bewohnt sein und nur die Schicht, die für Kalenderwesen und Großbauprojekte zuständig war, verschwunden. Andere Historiker ziehen den ökologischen Kollaps in Erwägung. Möglicherweise kann das Land rund um die Städte die vielen tausend Bewohner nicht mehr ernähren. So scheint 30 Kilometer um die Stadt Copan kein einziger Baum mehr gewachsen zu sein. Skelettfunde beweisen Unterernährung und Krankheiten.

Chichén Itzá

Chichén Itzá

In Yucatán tauchen die Itzá zu Beginn des 10. Jh. auf und übernehmen die Herrschaft über eine Mayastadt, die sie **Chichén Itzá** nennen. Laut den Maya-Chroniken sind die Neuankömmlinge Barbaren. Sie plündern, rauben Frauen, verdrängen die Priester von der Macht und sprechen die Sprache der Maya nur gebrochen. 987 jedoch werden die Itzá von einfallenden **Tolteken** entmachtet. Angeblich soll der toltekische Priesterkönig Topitzin Quetzalcoatl, der aus Tula vertrieben wird, mit seinen Getreuen nach Chichén Itzá ziehen, wo ihn die Einwohner für den Gott Kukulkán („Grünfederschlange") halten.
Angeblich wird der König jedoch vertrieben, weil er den Tolteken zu friedlich war und Menschen-

Ritual des Blutopfers

opfer ablehnt. In Yucatán entstehen nach dem Eindringen der Tolteken zahlreiche Kriegerorden, und die Zahl der Menschenopfer steigt rapide an. Außerdem befestigen die neuen Herrscher die Städte, errichten Tempelplattformen mit Schädelstätten für die Köpfe der Geopferten und einen Kriegertempel, der eine Kopie des Morgensterntempels in Tula ist.

Während Kriegszüge bei den Maya hauptsächlich dazu dienen, Opfer für die Götter zu rauben, erobern die Toltekenherrscher das umliegende Land und treiben Tribute ein. Die Macht teilen sich nun drei Fürstentümer: Chichén Itzá, **Izamal** und **Mayapan.**

1185 soll **Hunac Ceel**, der Itzá-Fürst von Mayapan, den Regenten von Chichén Itzá anstiften, die Braut des Fürsten von Izamal zu rauben. Danach stellt er sich selbst an die Spitze des Strafzuges, vernichtet Chichén Itzá und anschließend auch noch Izamal. Vermutlich wirbt er Söldner aus Zentralmexiko an, die mit Pfeil und Bogen kämpfen.

? Schon gewusst?

Beim traditionellen Opfer für die Regengötter in Chichén Itzá werden mehrere Menschen in einen Brunnen geworfen. Danach holt man die Überlebenden heraus und interpretiert aus dem Gestammel der meist schwer Verwundeten die Botschaft der Götter. Als eines Tages keines der Opfer mehr etwas von sich gibt, soll Hunac Ceel in den Brunnen gesprungen sein und danach verkündet haben, die Götter hätten ihn zum Herrscher über ganz Yucatán bestimmt.

1461 zettelt der Toltekenherrscher **Ah Xupan** eine Revolte gegen die Fürsten von Mayapan an und lässt deren ganzen Stamm niedermetzeln. Danach zerfällt das Reich in 16 Regionalstammestümer, die im beständigen Kampf miteinander liegen. Zu den Kämpfen kommen Seuchen, Hungersnöte und Naturkatastrophen.
1511 bringen zwölf schiffbrüchige spanische Soldaten die Pocken nach Yucatán. Es folgen Typhus, Cholera, Masern, Grippe und TBC. In manchen Gegenden überlebte nur ein Fünftel der Bewohner, in anderen nicht einmal ein Zehntel.
1526 bekommt **Francisco de Montejo** (um 1473–1553) von Kaiser Karl. V. die Erlaubnis, Yucatán auf eigene Kosten zu erobern. Er wird freundlich empfangen, doch Hunger und Seuchen zwingen ihn zur Flucht. Eine zweite Expedition scheitert, weil seine Soldaten desertieren. Sie haben von den Goldfunden im Inkareich in Peru gehört. 1540 jedoch kann Montejo die Zerstrittenheit der Maya-Stämme nutzen und sie nacheinander unterwerfen.

Religion und Kalenderwesen

Der Götterhimmel der Maya ist ausgesprochen bunt. Die spanischen Eroberer meinen, es gäbe kein Tier, das die Maya nicht als Vorlage für eine Götzenstatue verwenden. Außerdem können Götter noch Alter, Geschlecht und Gestalt wechseln. Sie haben menschliche Eigenschaften und präzise Geburtstage.

Terrakottateil eines Mayatempels

Die meisten Götter haben eine gute und eine schlechte Seite. So kann der Regengott für lebenswichtigen Niederschlag sorgen, aber seine Gabe auch verweigern oder verheerende Überschwemmungen anrichten. Durch Gebet und Opfer jedoch haben die Menschen die Möglichkeit, ihn dazu zu bewegen, sich von seiner guten Seite zu zeigen.
Für alltägliche Bitten genügen Blumen und Speisen als Opfergabe. Bei größeren Anliegen fügt man sich Wunden zu, z. B. indem man Zunge oder Penis durchbohrt, und opfert das Blut. Wenn es um Leben und Tod geht, müssen auch Leben dargebracht werden.

Gefährliches Spiel

Einer der wichtigsten Maya-Mythen erzählt von den Zwillingen Hunahpu und Xbalanque, die die Götter der Unterwelt beim Ballspiel besiegen. Die rachsüchtigen Götter bringen sie zwar um und zermahlen sogar ihre Knochen, die Brüder erwachen jedoch wieder zum Leben und werden als Sonne und Mond an den Himmel versetzt. Die Maya-Herrscher gelten als ihre irdische Verkörperung, und das Ballspiel ist Bestandteil ritueller Feste. Dabei muss ein Kautschukball mit dem Körper, auf keinen Fall aber mit Händen und Füßen, durch einen Steinring geschlagen werden. Jede Mannschaft hat sieben Spieler. Am Ende des Spieles wird einer der Mannschaftsführer enthauptet und sein Kopf den Göttern geopfert. Die Forscher streiten sich allerdings, ob der Verlierer sterben muss oder die Götter den Sieger bekommen.

Neben Opfern spielen auch Drogen wie der Giftschleim einer Kröte, das Rauchen von Zigarren, Gelage und Maskentänze eine Rolle im Ritual. Vor allem aber kommunizieren die Priester mit den Göttern auf „mathematischer Ebene“, indem sie deren Willen aus astronomischen Berechnungen herauslesen. Es werden Glücks- und Unglückstage errechnet und eine Hochzeit z. B. nur genehmigt, wenn sich aus den Geburtstagen der künftigen Ehepartner Positives errechnen lässt.

Schon gewusst?

Die Maya haben zwei Kalender: den „haab“, der sich am Sonnenjahr orientiert und 365 Tage umfasst, und den Wahrsagekalender „tzolkin“, der 260 Tage umfasst – möglicherweise, weil eine Schwangerschaft in etwa so lange dauert. „Neujahr“ wird nur alle 52 (Sonnen-)Jahre gefeiert, weil erst nach dieser Zeit beide Kalender gleichzeitig wieder einen neuen Zyklus beginnen.

In alle Gebäude wird das genaue Datum eingemeißelt. Dabei orientieren sich die Maya an einer „Stunde Null“, die vermutlich im Jahr 3113 v. Chr. liegt. Trotzdem haben die Maya ein zyklisches Weltbild und glauben, dass gewisse Ereignisse immer wiederkehren. Ein Franziskanerpater, der diese Zeitvorstellungen durchschaut, kann die Maya zur Unterwerfung bewegen, indem er ihnen vorrechnet, dass ein Zeitalter der Veränderung bevorsteht, gegen das Widerstand zwecklos sei.

Die Gesellschaft

In der Frühzeit der Maya-Kultur werden die Staaten von Priesterfürsten geleitet. Später herrscht ein eher weltlicher Fürst, der Halach Winik („wirkliche Mann“). Er gilt als Abkömmling der Götter und trägt die Verantwortung dafür, dass die Götter dem Staat gnädig gestimmt sind. Der rituelle Aderlass, bei dem der König den Göttern sein Blut opfert, ist eine wichtige Zeremonie.

Überhaupt sind alle Amtshandlungen mit religiösen Ritualen verbunden. Wichtig sind dabei Schmuck, Gewänder und vor allem die prächtigen Federkronen, die Könige und Priester als Ausdruck ihrer übernatürlichen Macht tragen.

Unterstützt wird der König von einem Rat aus leitenden Häuptlingen und Priestern, die alle aus einer kleinen Adelskaste stammen. Darunter gibt es eine beamtische Hierarchie mit den Bürgermeistern der Provinzstädte (Batab) und den Vorstehern der kleinen Bauerndörfer rings um die Städte.

Um die großen Ansiedlungen zu ernähren, betreiben die Mayas eine immer intensivere Landwirtschaft. So heben sie z. B. im sumpfigen Ufergebiet von Seen Entwässerungsgräben aus und häufen den Schlamm zu Beeten auf, die nur per Boot erreichbar sind. Auch das Terrassieren von Hängen und künstliche Bewässerung sind ihnen bekannt.

Im Tiefland werden Mais, Bohnen, Kürbisse, Tomaten, Kakao, Chilis, Papayas, Avocados, Chirimoyas, Tabak, Baumwolle und Yucca angepflanzt. Außerdem sammelt man Muscheln und Schnecken, hat Fischteiche und züchtet Truthähne.

Innerhalb der Dörfer scheint es kein Privateigentum zu geben. Die Abgaben an den Fürsten sind wohl zumindest im Alten Reich vergleichsweise mäßig. In Yucatán jedoch sind die Bauern nicht viel mehr als Sklaven, die gnadenlos ausgepresst werden, um das Luxusleben der Oberschicht zu finanzieren.

In den Städten leben wohl vor allem Beamte und Handwerker: Palast- und Tempeldiener, Steuereintreiber, Lehrer, Hofchronisten, Ka-

Yucatán

lenderpriester, Maler, Stuckateure, Steinmetze, Schmuck- und Kleidermacher.

Architektur und Kunst

Die prächtigen Tieflandstädte der Maya werden mitten im Urwald errichtet. Die Steine für die großen Bauten werden teilweise auf den Flüssen von weit herangeschafft.

Tikal umfasst zu seiner Glanzzeit zusammen mit den Außenbezirken mehr als 65 Quadratkilometer und beherbergt rund 40.000 Menschen. Freigelegt ist bisher nur das Zentrum (15 Quadratkilometer) mit 3000 Gebäuden und 200 Steinmonumenten.

Wie bei den anderen Mayastädten liegen in der Mitte große freie Plätze, die von Stufenpyramiden und Palästen umgeben sind. Die Pyramiden sind meist extrem steil. Auf der obersten Plattform steht eine Herrscherstatue oder ein Heiligtum mit mehreren Räumen. Der Dachkamm, eine geschmückte Zierwand auf dem Tempeldach, macht den Anblick noch beeindruckender. In Tikal ist die höchste Pyramide fast 70 Meter hoch.

Die Paläste haben bis zu fünf Stockwerke und ähneln Labyrinthen, die immer wieder erweitert und umgebaut werden. Typische Steinmonumente sind Stelen, auf deren Reliefs Priester und Herrscher im Ornat abgebildet sind. Sie werden hinter kreisrunden Opfersteinen aufgestellt. Für das rituelle Ballspiel gibt es zementierte Spielfelder mit Zuschauerrängen für bis zu 1000 Schaulustige.

Auch Maya-Herrscher werden mit aller Pracht beigesetzt. Das unversehrte Grab des Königs **Pakal von Palenque** (603–680) wird in einer Pyramide gefunden, während andere Könige eher unter oder neben den Tempeltürmen bestattet sind. Pakal trägt einen Brustschmuck aus fast 200 polierten Jadestücken, eine Gesichtsmaske aus Jade und Perlmutt, sowie viel Schmuck. Der viereinhalb Tonnen schwere Deckel seines Sarkophags zeigt seine Krönung, und eine umlaufende Inschrift informiert über wichtige Daten seiner Regierung.

? Schon gewusst?

Die bildlichen Darstellungen von Menschen, Tieren und Göttern sind bei den Maya oft sehr verwirrend und kompliziert. Schmuck, Gewänder und Muster werden mit allen Details dargestellt. Die Gesichter sind eher schlicht gehalten. Charakteristisch sind dicke Knollennasen und eine abgeflachte Stirn. Letztere gilt bei vielen mittelamerikanischen Indianerstämmen als Zeichen des Adels. Den Säuglingen wird dafür ein Brett vor die Stirn gebunden.

Register

A

B

C

D

E

I

J

K

N

O

P

Q

R

S

T

U

V

W

X

Y

Z